毕业就当系列丛书

·资料员系列·

理论实际相联·快速适应职场的葵花宝典

**理论+经验 → 基础+实务**

以专家的高度·给您面对面的指导和帮助

# 毕业就当资料员

# 市政工程

主编 郝凤山

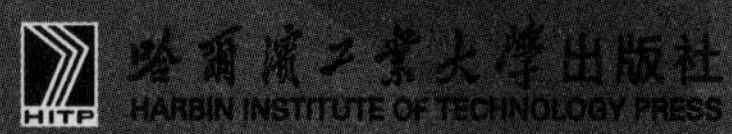

## 内 容 简 介

本书主要介绍了市政工程资料员应掌握的各种知识及工作范围，全书主要内容有市政工程资料管理概论、基建文件管理、市政工程监理资料管理、市政工程施工管理资料、市政工程施工技术资料、市政工程施工物资资料、市政工程施工测量监测资料、市政工程施工记录、市政工程施工试验记录、市政工程施工验收资料以及市政工程资料归档管理等。

本书针对性、实用性强，注重实践，与实际紧密结合，使刚毕业的大学生可以很快地适应岗位，知道做什么，如何做。因此，本书可用作初为资料员的大学毕业生和从业人员的培训教材与自学参考书，也可作为高等教育市政工程专业的教材使用。

**图书在版编目(CIP)数据**

毕业就当资料员：市政工程/郝凤山主编. —哈尔滨：哈尔滨工业大学出版社，2011.5

(毕业就当系列丛书·资料员系列)

ISBN 978-7-5603-3255-0

Ⅰ.①市… Ⅱ.①郝… Ⅲ.①市政工程-技术档案-档案管理 Ⅳ.①G275.3

中国版本图书馆 CIP 数据核字(2011)第063253号

责任编辑 郝庆多
封面设计 刘长友
出版发行 哈尔滨工业大学出版社
社　　址 哈尔滨市南岗区复华四道街10号 邮编 150006
传　　真 0451-86414749
网　　址 http://hitpress.hit.edu.cn
印　　刷 哈尔滨市石桥印务有限公司
开　　本 787mm×1092mm 1/16 印张 16 字数 400千字
版　　次 2011年5月第1版 2011年5月第1次印刷
书　　号 ISBN 978-7-5603-3255-0
定　　价 29.00元

---

# 前　言

近年来，随着市政行业发展的日渐完善和成熟，工程资料管理正以其鲜明的特点发挥着越来越重要的作用。市政工程资料不仅是市政工程竣工验收和竣工核定的必备条件，还是对工程进行检验、维修、管理、使用、改建的重要依据，故搜集和整理好市政工程资料是建筑施工中的一项重要工作，这无疑对资料员的业务水平和专业素质有了更为严格的要求。

目前，市场上关于市政工程资料的图书颇多，但是从刚毕业学生的角度出发，针对这类人群的图书比较罕见。为了提高初涉资料员岗位人员的专业知识和业务能力，我们依据现行市政工程施工及验收规范和质量检验评定标准，组织编写了本书，以进一步健全和完善施工现场的全面质量管理。本书内容全面，易于理解，便于执行，将基础与实务分开，使读者能及时查阅和学习。

由于学识和经验有限，加之市政行业的快速发展，尽管编者尽心尽力，但书中难免有疏漏或未尽之处，恳请有关专家和广大读者提出宝贵的意见，以便进一步地修改和完善。

编　者

2011.3

# 目　录

# 第1章　市政工程资料管理概论

## 1.1 市政工程概述

### 【基　础】

#### ◆市政工程的意义

市政工程是指在城市建设中,市政基础设施工程建造(建筑业房屋建造除外)的科学技术活动的总称,是人们应用市政工程技术、材料、工艺和设备进行市政基础设施的勘察、设计、监督、管理、施工、保养、维修等技术活动,在地上、地下或水中建造的、直接或间接为人们的生活、生产服务的各种城市基础设施。

广义的市政工程有以下内容。

(1)市政工程设施,包括城市的道路、桥梁、隧道、防洪、涵洞、下水道、排水管渠、污水处理厂(站)、城市照明等设施。

(2)公用事业基础设施,包括城市供水、供气、供热、公共交通(含公共汽车、电车、地铁、轻轨列车、轮渡、出租汽车及索道缆车)等。

(3)园林绿化设施,包括园林建筑、园林绿化、道路绿化及公共绿地的绿化等。

(4)市容和环境卫生,包括市容市貌的设施建设、维护和管理等。以上各项设施及其附属设施,统称为市政公用设施。

狭义的市政工程通常是指城市道路、桥涵、隧道、排水(含污水处理)、防洪及城市照明等市政基础设施,即我们通常说的市政工程。

市政工程是城市建设中最基本的基础设施,不管投资的主体是谁,所有权都属于国家。任何单位或个人投资建设市政工程,只能获得一定时段的经营权,而无法取得该工程的所有权。

#### ◆市政工程的特点

市政工程自身的特点是隐蔽工程量多。譬如城市道路,除了面层表面与空气接触外露之外,路基、垫层、基层均位于面层之下。工程完工以后,只看得见面层的表面部位;排水管渠工程除检查井的口、盖之外,工程结构的主要构造绝大部分都隐蔽在地下。

## 【实　务】

### ◆市政工程建设质量保证体系

市政工程的建设过程是质量的形成过程。建设一项市政基础设施，通常要经过规划、勘察、设计、施工和验收等几个阶段。需根据城市的总体规划，城市市政建设的中、长期规划以及年度建设计划的安排，运用市政工程规划、地质勘察、水文勘察、工程测量、土力学、工程力学、工程设计、建筑材料、设备、工程机械、建设经济等学科的理论，施工工艺技术、施工组织管理、技术管理、质量管理等领域的知识，应用质量、工艺、物理、力学、化学的检测技术和电子计算机等技术，综合、系统地实现市政工程建设项目实体。想要获得高质量的工程，就必须保证每个阶段的质量。

为确保市政工程建设项目的质量，就需要施工企业自我控制、工程监理尽职尽责、政府部门宏观调控，为项目质量的控制提供重要的保障。

企业自控是保证工程项目实体的重要基础。各承包单位应根据施工图文件、工程承包合同要求以及质量标准的质量技术要求，开展企业内部的、针对承包工程项目的质量管理和质量控制的活动，从而使建设单位的项目建设目标得以实现。

社会监理是实现项目投资目的的重要手段。监理单位受业主的委托和授权，依照国家批准的工程项目建设文件、有关工程建设法律、法规、质量标准、质量控制规范、工程建设监理合同以及其他工程建设合同，对建设项目的质量、进度、投资进行控制，对信息、合同进行管理，直接、连续地进行质量监督管理活动，实现项目的建设目标。

由省级建设行政主管部门或市政基础设施主管部门授权的市政工程质量监督机构，根据建设工程质量的法律、法规、技术规范、质量标准，对建设项目的各参建单位和参建人员的质量行为、工作质量及工程质量进行间接的、抽查性的、强制性的监督管理，确保工程结构的安全。

## 1.2　市政工程资料术语及编制要求

## 【基　础】

### ◆工程资料

在工程建设过程中形成的各种形式的信息记录，包括基建文件、监理资料、施工资料和竣工图。

**1. 基建文件**

建设单位在工程建设过程中形成的文件，分为工程准备文件和竣工验收文件等。

(1)工程准备文件。工程开工以前，在立项、审批、征地、勘察、设计、招投标等工程准备阶段形成的文件。

(2)竣工验收文件。建设工程项目竣工验收活动中形成的文件。

**2. 监理资料**

监理单位在工程设计、施工等监理过程中形成的资料。

**3. 施工资料**

施工单位在工程施工过程中形成的资料。

**4. 竣工图**

工程竣工验收后,真实反映建设工程项目施工结果的图样。

### ◆工程档案

在工程建设活动中直接形成的具有归档保存价值的文字、图表、声像等各种形式的历史记录。

### ◆立卷

按照一定的原则和方法,将有保存价值的文件分类整理成案卷的过程,也称组卷。

### ◆归档

文件的形成单位完成其工作任务后,将形成的文件整理立卷后,按规定移交档案管理机构。

## 【实 务】

### ◆市政工程资料的作用

(1)工程资料是城市建设及管理的依据之一。市政工程竣工验收交付使用一定期限后,由于施工时存在的质量隐患和养护措施不得力等原因,路面常会出现裂缝、拱起、剥落等质量缺陷。为了保证和改善路面的承载力、刚度、耐久性,保持路面的平整度、粗糙度,使行车安全舒适,则必须对上述缺陷进行维修和补强。而对路面进行维修和补强时,必须查阅该工程的技术资料档案,从中了解材料的种类、性能,采取的维修补强措施才能保证原路面的承载力和车辆的使用性能。因此,可知的标准工程资料是城市建设档案的重要组成部分,是市政工程进行维修、管理、使用、改建和扩建的依据。

(2)工程资料是工程质量的客观见证。市政工程的建设过程,就是质量的形成过程。工程质量的形成是一个系统的过程,包括决策质量、设计质量、施工质量和竣工质量,对工程的质量都有着直接影响,而工程质量在形成过程中应有相应的技术资料作为见证。

## 1.3　市政工程各参建单位的管理职责

### 【基　础】

**◆通用职责**

(1)工程资料的形成应符合国家相关的法律、法规、规范和施工质量验收标准、工程合同与设计文件等规定。

(2)工程各参建单位应将工程资料的形成和积累纳入工程建设管理的各个环节及有关人员的职责范围。

(3)工程各参建单位应确保各自文件的真实、有效、完整和齐全,对工程资料进行涂改、伪造、随意抽撤、损毁或丢失等的应按有关规定予以处罚,情节严重的应依法追究法律责任。

(4)工程资料应随工程进度同步收集、整理并按规定移交。

(5)工程资料应实行分级管理,由建设、监理、施工单位主管(技术)负责人组织本单位工程资料的全过程管理工作。建设过程中工程资料的收集、整理工作和审核工作应有专人负责,并按规定取得相应的岗位资格。

### 【实　务】

**◆建设单位职责**

(1)应负责建设工程项目、工程档案和资料的管理工作,并设专人对基建文件进行收集、整理和归档。

(2)必须向参与工程建设的勘察、设计、监理、施工等单位提供与建设工程有关的资料。

(3)在工程招标及与参建各方签订合同或协议时,应对工程资料和工程档案的编制责任、费用、套数、质量和移交期限等提出明确要求。

(4)由建设单位采购的各类原材料、设备和构配件,建设单位应保证其规格、性能、质量符合设计文件和合同要求,并保证相关物资文件的真实、完整和有效。

(5)应负责监督和检查各参建单位工程资料的形成、积累和立卷工作,也可委托监理单位检查工程资料的形成、积累和立卷工作。

(6)对需建设单位签认的工程资料应签署意见。

(7)应收集和汇总勘察、设计、监理和施工等单位立卷归档的工程档案。

(8)应负责组织竣工图的绘制工作,也可委托设计单位、监理单位或施工单位,并按相关文件规定承担费用。

(9)列入城建档案馆接收范围的工程档案,建设单位应在组织工程竣工验收前,提请城建档案馆对工程档案进行预验收,未取得《建设工程竣工档案预验收意见》的,不得组织工程竣工验收。

(10)建设单位应在工程竣工验收后三个月内将工程档案移交至城建档案馆。

## ◆勘察、设计单位职责

(1)应按合同和规范要求提供勘察、设计文件。

(2)对需勘察、设计单位签认的工程资料应签署意见。

(3)工程竣工验收,应出具工程质量检查报告。

## ◆监理单位职责

(1)应负责监理资料的管理工作,并设专人对监理资料进行收集、整理和归档。

(2)应按照合同约定,在勘察、设计阶段,对勘察、设计文件的形成、积累、组卷和归档进行监督、检查;在施工阶段,应对施工资料的形成、积累、组卷和归档进行监督、检查,使工程资料的完整性、准确性符合有关要求。

(3)列入城建档案馆接收范围的监理资料,监理单位应在工程竣工验收后两个月内移交至建设单位。

## ◆施工单位职责

(1)应负责施工资料的管理工作,实行技术负责人负责制,逐级建立健全施工资料管理岗位责任制。

(2)应负责汇总各分包单位编制的施工资料,分包单位应负责其分包范围内施工资料的收集和整理,并对施工资料的真实性、完整性和有效性负责。

(3)应在工程竣工验收前,将工程的施工资料整理、汇总完成。

(4)应负责编制两套施工资料,其中一套移交至建设单位,另一套自行保存。

## ◆城建档案馆职责

(1)应负责接收、收集、保管和利用城建档案的日常管理工作。

(2)应负责对城建档案的编制、整理、归档工作进行监督、检查、指导,对国家和各省、市重点、大型工程项目的工程档案编制、整理、归档工作应指派专业人员进行指导。

(3)在工程竣工验收前,应对列入城建档案馆接收范围的工程档案进行预验收,并出具《建设工程竣工档案预验收意见》。

## 1.4　市政工程资料的分类及编写

### 【基　础】

#### ◆市政工程资料编码的填写

市政工程施工资料是在整个市政工程过程中形成的有关管理、技术、质量、物资等各方面的资料和记录。因其种类多、数量大,建立科学、规范的资料编号体系有利于资料的整理、查询及组卷归档。

市政工程资料表格的编号由三部分组成,即表式码、专业工程分类码和顺序码。

(1)表式码为市政工程资料的编码。

(2)专业工程分类码按《专业工程分类编码参考表》进行,参考表中未包含的项目,施工单位宜按相应类别自行编码,并在总目录卷中予以说明。

(3)顺序码按工序(分项)和时间顺序应用阿拉伯数字从001开始依次标注。

#### ◆市政工程资料编制的质量要求

(1)工程资料应真实反映工程的实际情况,具有永久和长期保存价值的材料必须完整、准确和系统。

(2)工程资料应使用原件,由于各种原因不能使用原件的,应在复印件上加盖原件存放单位公章,注明原件存放处,并有经办人签字及时间。

(3)工程资料应保证字迹清晰,签字、盖章手续齐全,签字应符合档案管理的要求,计算机形成的工程资料应采用内容打印、手工签名的方式。

(4)工程档案的填写和编制应符合档案缩微管理和计算机输入的要求。

(5)工程档案的缩微制品,在制作方面必须按国家缩微标准进行,主要技术指标(密度、解像力、海波残留量等)应符合国家标准规定,确保质量,以适应长期安全保管。

(6)施工图的变更、洽商绘图应符合技术要求。凡采用施工蓝图改绘竣工图的,必须使用反差明显的蓝图,竣工图图面应整洁。

(7)工程资料的照片(含底片)及声像档案,应图像清晰、声音清楚、文字说明或内容准确。

### 【实　务】

#### ◆市政工程资料的具体分类

(1)市政工程资料应按照收集、整理单位和资料类别的不同进行分类。

(2)市政工程施工资料分类应根据类别和专业系统划分。

(3)市政工程资料的分类、整理可参考表1.1的规定。

(4)市政工程施工过程中工程资料的分类、整理和保存应执行国家及行业现行法律、法规、规范、标准及地方有关规定。

**表1.1 市政工程资料分类表**

| 类别编号 | 资料名称 | 资料来源 | 保存单位 | | | |
|---|---|---|---|---|---|---|
| | | | 施工单位 | 监理单位 | 建设单位 | 城建档案馆 |
| A类 | 基建文件 | | | | | |
| A1 | 决策立项文件 | | | | | |
| A1-1 | 投资项目建议书 | 建设单位 | | | ● | ● |
| A1-2 | 对项目建议书的批复文件 | 建设主管部门 | | | ● | ● |
| A1-3 | 环境影响审批报告书 | 环保部门 | | | ● | ● |
| A1-4 | 可行性研究报告 | 工程咨询单位 | | | ● | ● |
| A1-5 | 对可行性研究报告的批复文件 | 有关主管部门 | | | ● | ● |
| A1-6 | 关于立项的会议纪要、领导批示 | 会议组织单位 | | | ● | ● |
| A1-7 | 专家对项目的有关建议文件 | 建设单位 | | | ● | ● |
| A1-8 | 项目评估研究资料 | 建设单位 | | | ● | ● |
| A1-9 | 计划部门批准的立项文件 | 建设单位 | | ● | ● | ● |
| A2 | 建设规划用地、征地、拆迁文件 | | | | | |
| A2-1 | 土地使用报告预审文件<br>国有土地使用证 | 国土主管部门 | | | ● | ● |
| A2-2 | 拆迁安置意见及批复文件 | 政府有关部门 | | | ● | ● |
| A2-3 | 规划意见书及附图 | 规划部门 | | | ● | ● |
| A2-4 | 建设用地规划许可证、附件及附图 | 规划部门 | | | ● | ● |
| A2-5 | 其他文件:掘路占路审批文件、移伐树木审批文件、工程项目统计登记文件、向人防备案(施工图)文件、非政府投资项目备案文件 | 政府有关部门 | | ● | ● | ● |
| A3 | 勘察、测绘、设计文件 | | | | | |
| A3-1 | 工程地质勘察报告 | 勘察单位 | | ● | ● | ● |
| A3-2 | 水文地质勘察报告 | 勘察单位 | | ● | ● | ● |
| A3-3 | 测量交线、交桩通知书 | 规划部门 | | ● | ● | ● |
| A3-4 | 验收合格文件(验线) | 规划部门 | | ● | ● | ● |
| A3-5 | 审定设计批复文件及附图 | 规划部门 | | | ● | ● |
| A3-6 | 审定设计方案通知书 | 规划部门 | | | ● | ● |
| A3-7 | 初步设计文件 | 设计单位 | | | ● | |
| A3-8 | 施工图设计文件 | 设计单位 | | ● | ● | |
| A3-9 | 初步设计审核文件 | 政府有关部门 | | ● | ● | ● |
| A3-10 | 对设计文件的审查意见 | 设计咨询单位 | | | ● | ● |

续表 1.1

| 类别编号 | 资料名称 | 资料来源 | 保存单位 | | | |
|---|---|---|---|---|---|---|
| | | | 施工单位 | 监理单位 | 建设单位 | 城建档案馆 |
| A4 | 工程招投标及承包合同文件 | | | | | |
| A4-1 | 招投标文件 | | | | | |
| A4-1-1 | 勘察招投标文件 | 建设、勘察单位 | | | ● | |
| A4-1-2 | 设计招投标文件 | 建设、设计单位 | | | ● | |
| A4-1-3 | 拆迁招投标文件 | 建设、拆迁单位 | | | ● | |
| A4-1-4 | 施工招投标文件 | 建设、施工单位 | ● | | ● | |
| A4-1-5 | 监理招投标文件 | 建设、监理单位 | | | ● | |
| A4-1-6 | 设备、材料招投标文件 | 建设、施工单位 | ● | | ● | |
| A4-2 | 合同文件 | | | | | |
| A4-2-1 | 勘察合同 | 建设、勘察单位 | | | ● | |
| A4-2-2 | 设计合同 | 建设、设计单位 | | | ● | |
| A4-2-3 | 拆迁合同 | 建设、拆迁单位 | | | ● | |
| A4-2-4 | 施工合同 | 建设、施工单位 | ● | ● | ● | |
| A4-2-5 | 监理合同 | 建设、监理单位 | | ● | ● | |
| A4-2-6 | 材料设备采购合同 | 建设、中标单位 | ● | | ● | |
| A5 | 工程开工文件 | | | | | |
| A5-1 | 年度施工任务批准文件 | 建委 | | | ● | ● |
| A5-2 | 修改工程施工图纸通知书 | 规划部门 | | | ● | ● |
| A5-3 | 建设工程规划许可证、附件及附图 | 规划部门 | ● | ● | ● | ● |
| A5-4 | 固定资产投资许可证 | 建设单位 | | | ● | ● |
| A5-5 | 建设工程施工许可证或开工审批手续 | 建委 | ● | ● | ● | ● |
| A5-6 | 工程质量监督注册登记表 | 质量监督机构 | ● | ● | ● | ● |
| A6 | 商务文件 | | | | | |
| A6-1 | 工程投资估算材料 | 造价咨询单位 | | | ● | |
| A6-2 | 工程设计概算 | 造价咨询单位 | | | ● | |
| A6-3 | 施工图预算 | 造价咨询单位 | ● | ● | ● | |
| A6-4 | 施工预算 | 施工单位 | ● | ● | ● | |
| A6-5 | 工程决算 | 建设(监理)、施工单位 | ● | ● | ● | ● |
| A6-6 | 交付使用固定资产清单 | 建设单位 | | | ● | ● |
| A7 | 工程竣工备案文件 | | | | | |
| A7-1 | 建设工程竣工档案预验收意见 | 城建档案馆 | | | ● | ● |
| A7-2 | 工程竣工验收备案表 | 建设单位 | ● | ● | ● | ● |

**续表1.1**

| 类别编号 | 资料名称 | 资料来源 | 保存单位 | | | |
|---|---|---|---|---|---|---|
| | | | 施工单位 | 监理单位 | 建设单位 | 城建档案馆 |
| A7－3 | 工程竣工验收报告 | 建设单位 | | | ● | ● |
| A7－4 | 勘察、设计单位质量检查报告 | 相关单位 | | | ● | ● |
| A7－5 | 规划、消防、环保、技术监督、人防等部门出具的认可文件或准许使用文件 | 主管部门 | ● | ● | ● | ● |
| A7－6 | 工程质量保修书 | 建设、施工单位 | ● | | ● | |
| A7－7 | 厂站、设备使用说明书 | 施工单位 | ● | | ● | |
| A8 | 其他文件 | | | | | |
| A8－1 | 物资质量证明文件 | 建设单位 | ● | ● | ● | |
| A8－2 | 工程竣工总结(大、中型工程) | 建设单位 | ● | ● | ● | ● |
| A8－3 | 沉降观测记录(由建设单位委托长期进行的工程沉降观测记录) | 观测单位 | | | ● | |
| A8－4 | 工程开工前的原貌、主要施工过程、竣工新貌照片 | 建设单位 | | | ● | ● |
| A8－5 | 工程开工、施工、竣工的录音录像资料 | 建设单位 | | | ● | ● |
| A8－6 | 建设工程概况 | | | | | |
| A8－6－1 | 工程概况表:城市管(隧)道工程 | | | | | ● |
| A8－6－2 | 工程概况表:城市道路工程(含广场) | | | | | ● |
| A8－6－3 | 工程概况表:桥梁(含涵洞)工程 | | | | | ● |
| A8－6－4 | 工程概况表:市政公用厂(场)、站工程 | | | | | ● |
| A8－6－5 | 工程概况表:城市轨道交通工程(含地铁) | | | | | ● |
| B类 | 监理资料 | | | | | |
| B1 | 监理管理资料 | | | | | |
| B1－1 | 监理规划、监理实施细则 | 监理单位 | | ● | ● | ● |
| B1－2 | 监理月报 | 监理单位 | | ● | ● | |
| B1－3 | 监理会议纪要(涉及工程质量的内容) | 监理单位 | | ● | ● | |
| B1－4 | 工程项目监理日志 | 监理单位 | | ● | | |
| B1－5 | 监理工作总结(专题、阶段、竣工总结) | 监理单位 | | ● | ● | ● |
| B2 | 监理工作记录 | | | | | |
| B2－1 | 施工组织设计(方案)报审表 | “监规”A2 | ● | ● | ● | |
| B2－2 | 施工测量放线报验申请表 | “监规”A4 | ● | ● | ● | |
| B2－3 | 施工进度计划报验申请表 | “监规”A4 | ● | ● | ● | |
| B2－4 | 工程材料、构配件、设备报审表 | “监规”A9 | ● | ● | ● | |
| B2－5 | 工程开工报审表 | “监规”A1 | ● | ● | ● | |
| B2－6 | 分包单位资格报审表 | “监规”A3 | ● | ● | ● | |

**续表 1.1**

| 类别编号 | 资料名称 | 资料来源 | 保存单位 | | | |
|---|---|---|---|---|---|---|
| | | | 施工单位 | 监理单位 | 建设单位 | 城建档案馆 |
| B2－7 | 分项/分部工程施工报验申请表<br>（注:“分项/分部”等同“工序/部位”） | “监规”A4 | ● | ● | | |
| B2－8 | 工程复工报审表 | “监规”A1 | ● | ● | ● | |
| B2－9 | 费用索赔申请表 | “监规”A8 | ● | ● | ● | |
| B2－10 | 工程款支付申请表 | “监规”A5 | ● | ● | ● | |
| B2－11 | 工程临时延期申请表 | “监规”A7 | ● | ● | ● | |
| B2－12 | 监理工程师通知回复单 | “监规”A6 | ● | ● | ● | |
| B2－13 | 监理工程师通知单 | “监规”B1 | ● | ● | ● | |
| B2－14 | 不合格项处置记录 | | ● | ● | ● | |
| B2－15 | 工程暂停令 | “监规”B2 | ● | ● | ● | |
| B2－16 | 工程临时延期审批表 | “监规”B4 | ● | ● | ● | |
| B2－17 | 工程最终延期审批表 | “监规”B5 | ● | ● | ● | |
| B2－18 | 费用索赔审批表 | “监规”B6 | ● | ● | ● | |
| B2－19 | 工程款支付证书 | “监规”B3 | ● | ● | ● | |
| B2－20 | 旁站监理记录 | | ● | ● | ● | |
| B2－21 | 质量事故报告及处理资料 | 责任单位 | ● | ● | ● | |
| B2－22 | 见证取样备案文件 | 监理单位 | ● | ● | ● | |
| B3 | 竣工验收资料 | | | | | |
| B3－1 | 工程竣工验收单 | “监规”A10 | ● | ● | ● | |
| B3－2 | 竣工移交证书 | | ● | ● | ● | ● |
| B3－3 | 工程质量评估报告 | 监理单位 | | ● | ● | ● |
| B4 | 其他资料 | | | | | |
| B4－1 | 监理工作联系单 | “监规”C1 | ● | ● | ● | |
| B4－2 | 工程变更单 | “监规”C2 | ● | ● | ● | |
| C类 | 施工资料 | | | | | |
| C1 | 施工管理资料 | | | | | |
| C1－1 | 工程概况表 | | ● | | | |
| C1－2 | 项目大事记 | | ● | | ● | ● |
| C1－3 | 施工日志 | | ● | | | |
| C1－4 | 工程质量事故资料 | | | | | |
| C1－4－1 | 工程质量事故记录 | | ● | ● | ● | ● |
| C1－4－2 | 工程质量事故调(勘)查记录 | | ● | ● | ● | ● |
| C1－4－3 | 工程质量事故处理记录 | | ● | ● | ● | ● |

续表1.1

| 类别编号 | 资料名称 | 资料来源 | 保存单位 | | | |
|---|---|---|---|---|---|---|
| | | | 施工单位 | 监理单位 | 建设单位 | 城建档案馆 |
| C2 | 施工技术文件 | | | | | |
| C2-1 | 施工组织设计(项目管理规划) | 施工单位 | ● | | | |
| C2-2 | 施工组织设计审批表 | | ● | | | |
| C2-3 | 图纸审查记录 | | ● | | | |
| C2-4 | 设计交底记录 | | ● | ● | ● | ● |
| C2-5 | 技术交底记录 | | ● | | | |
| C2-6 | 工程洽商记录 | | ● | ● | ● | ● |
| C2-7 | 工程设计变更、洽商一览表 | | ● | ● | ● | |
| C2-8 | 安全交底记录 | | ● | | | |
| C3 | 施工物资资料 | | | | | |
| C3-1 | 工程物资选样送审表 | | ● | ● | ● | |
| C3-2 | 主要设备、原材料、构配件质量证明文件及复试报告汇总表 | | ● | | ● | ● |
| C3-3 | 产品合格证 | | | | | |
| C3-3-1 | 半成品钢筋出厂合格证 | | ● | | ● | |
| C3-3-2 | 预拌混凝土出厂合格证 | | ● | | ● | |
| C3-3-3 | 预制钢筋混凝土梁、板、墩、桩、柱出厂合格证 | | ● | | ● | |
| C3-3-4 | 钢构件出厂合格证 | | ● | | ● | |
| C3-3-5 | 热拌沥青混凝土出厂合格证 | | ● | | ● | |
| C3-3-6 | 石灰粉、煤灰砂砾出厂合格证 | | ● | | ● | |
| C3-3-7 | 产品合格证粘贴衬纸 | | ● | | ● | |
| C3-3-8 | 盾构管片出厂合格证 | 生产厂家 | ● | | ● | |
| C3-4 | 设备、材料进场检验及复验 | | | | | |
| C3-4-1 | 设备、配(备)件开箱检验记录 | | ● | | | |
| C3-4-2 | 材料、配件检验记录汇总表 | | ● | | | |
| C3-4-3 | 预制混凝土构件、管材进场抽检记录 | | ● | | ● | |
| C3-4-4 | 材料试验报告(通用) | | ● | | ● | ● |
| C3-4-5 | 水泥试验报告 | | ● | | ● | ● |
| C3-4-6 | 砌筑块(砖)试验报告 | | ● | | ● | ● |
| C3-4-7 | 砂试验报告 | | ● | | ● | ● |
| C3-4-8 | 碎(卵)石试验报告 | | ● | | ● | |
| C3-4-9 | 轻骨料试验报告 | | ● | | ● | |
| C3-4-10 | 掺和料试验报告 | | ● | | ● | |

**续表 1.1**

| 类别编号 | 资料名称 | 资料来源 | 保存单位 | | | |
|---|---|---|---|---|---|---|
| | | | 施工单位 | 监理单位 | 建设单位 | 城建档案馆 |
| C3-4-11 | 外掺剂试验报告 | | ● | | ● | |
| C3-4-12 | 钢材试验报告 | | ● | | ● | |
| C3-4-13 | 沥青试验报告 | | ● | | ● | |
| C3-4-14 | 热拌沥青混合料试验报告 | | ● | | ● | |
| C3-4-15 | 沥青胶结材料试验报告 | | ● | | ● | |
| C3-4-16 | 石灰类无机结合料中石灰剂量检测报告 | | ● | | ● | |
| C3-4-17 | 防水涂料试验报告 | | ● | | ● | ● |
| C3-4-18 | 防水卷材试验报告 | | ● | | ● | ● |
| C3-4-19 | 环氧煤沥青涂料性能试验报告 | | ● | | ● | |
| C3-4-20 | 橡胶止水带检验报告 | | ● | | ● | ● |
| C3-4-21 | 伸缩缝密封填料试验报告 | | ● | | ● | |
| C3-4-22 | 锚具检验报告 | | ● | | ● | |
| C3-4-23 | 阀门试验记录 | | ● | | ● | |
| C3-4-24 | 金属波纹管质量检验报告 | | ● | | ● | |
| C3-4-25 | 有见证取样和送检见证人备案书 | | ● | ● | ● | |
| C3-4-26 | 见证记录 | | ● | ● | ● | |
| C3-4-27 | 有见证试验汇总表 | | ● | ● | ● | ● |
| C4 | 施工测量监测记录 | | | | | |
| C4-1 | 工程定位测量记录 | 施工单位 | ● | ● | | |
| C4-2 | 测量复核记录 | | ● | | ● | ● |
| C4-3 | 沉降观测记录 | 观测单位 | ● | | ● | |
| C4-4 | 初期支护净空测量记录 | | ● | | ● | |
| C4-5 | 隧道净空测量记录 | | ● | | ● | |
| C4-6 | 结构收敛观测成果记录 | | ● | | | |
| C4-7 | 地中位移观测记录 | | ● | | | |
| C4-8 | 拱顶下沉观测成果表 | | ● | | | |
| C5 | 施工记录 | | | | | |
| C5-1 | 通用记录 | | | | | |
| C5-1-1 | 施工通用记录 | | ● | | | |
| C5-1-2 | 隐蔽工程检查记录 | | ● | | ● | ● |
| C5-1-3 | 中间检查交接记录 | | ● | | | |
| C5-2 | 基础/主体结构工程通用施工记录 | | | | | |
| C5-2-1 | 地基处理记录 | | ● | | ● | ● |

**续表 1.1**

| 类别编号 | 资料名称 | 资料来源 | 保存单位 | | | |
|---|---|---|---|---|---|---|
| | | | 施工单位 | 监理单位 | 建设单位 | 城建档案馆 |
| C5-2-2 | 地基钎探记录 | | ● | | ● | ● |
| C5-2-3 | 地下连续墙挖槽施工记录 | | ● | | ● | ● |
| C5-2-4 | 地下连续墙护壁泥浆质量检查记录 | | ● | | ● | |
| C5-2-5 | 地下连续墙混凝土浇筑记录 | | ● | | ● | |
| C5-2-6 | 沉井(泵站)工程施工记录 | | ● | | ● | |
| C5-2-7 | 桩基础施工记录(通用) | | ● | ● | | |
| C5-2-8 | 钻孔桩钻进记录(冲击钻) | | ● | | | |
| C5-2-9 | 钻孔桩钻进记录(旋转钻) | | ● | | | |
| C5-2-10 | 钻孔桩混凝土灌注前检查记录 | | ● | | | |
| C5-2-11 | 钻孔桩水下混凝土浇筑记录 | | ● | | ● | |
| C5-2-12 | 沉入桩检查记录 | | ● | | ● | |
| C5-2-13 | 土层锚杆成孔记录 | 专业施工单位 | ● | | ● | ● |
| C5-2-14 | 土层锚杆注浆记录 | 专业施工单位 | ● | | ● | ● |
| C5-2-15 | 土层锚杆张拉锁定记录 | 专业施工单位 | ● | | ● | ● |
| C5-2-16 | 砂浆配合比申请单、通知单 | | ● | | | |
| C5-2-17 | 混凝土配合比申请单、通知单 | | ● | | | |
| C5-2-18 | 喷射混凝土配合比申请单、通知单 | | ● | | | |
| C5-2-19 | 混凝土浇筑申请书 | 施工单位 | ● | | | |
| C5-2-20 | 混凝土开盘鉴定 | | ● | | | |
| C5-2-21 | 混凝土浇筑记录 | | ● | | | |
| C5-2-22 | 混凝土养护测温记录 | | ● | | | |
| C5-2-23 | 预应力筋张拉数据记录 | | ● | | ● | ● |
| C5-2-24 | 预应力筋张拉记录(一) | | ● | | ● | ● |
| C5-2-25 | 预应力筋张拉记录(二) | | ● | | ● | ● |
| C5-2-26 | 预应力张拉孔道压浆记录 | | ● | | ● | ● |
| C5-2-27 | 构件吊装施工记录 | | ● | | | |
| C5-2-28 | 圆形钢筋混凝土构筑物缠绕钢丝应力测定记录 | | ● | | ● | ● |
| C5-2-29 | 网架安装检查记录 | 专业施工单位 | ● | | ● | |
| C5-2-30 | 防水工程施工记录 | | ● | | | |
| C5-2-31 | 桩检测报告 | 专业检测单位 | ● | | ● | ● |
| C5-3 | 道路、桥梁工程施工记录 | | | | | |
| C5-3-1 | 沥青混凝土进场、摊铺测温记录 | | ● | | | |
| C5-3-2 | 碾压沥青混凝土测温记录 | | ● | | | |

**续表 1.1**

| 类别编号 | 资料名称 | 资料来源 | 保存单位 | | | |
|---|---|---|---|---|---|---|
| | | | 施工单位 | 监理单位 | 建设单位 | 城建档案馆 |
| C5-3-3 | 钢箱梁安装检查记录 | 专业施工单位 | ● | | | |
| C5-3-4 | 高强螺栓连接检查记录 | 专业施工单位 | ● | | | ● |
| C5-3-5 | 箱涵顶进施工记录 | | ● | | ● | ● |
| C5-3-6 | 桥梁支座安装记录 | 专业施工单位 | ● | | | |
| C5-4 | 管(隧)道工程施工记录 | | | | | |
| C5-4-1 | 焊工资格备案表 | | ● | ● | ● | |
| C5-4-2 | 焊缝综合质量记录 | | ● | | ● | ● |
| C5-4-3 | 焊缝排位记录及示意图 | | ● | | ● | ● |
| C5-4-4 | 聚乙烯管道连接记录 | | ● | | ● | |
| C5-4-5 | 聚乙烯管道焊接工作汇总表 | | ● | | ● | ● |
| C5-4-6 | 钢管变形检查记录 | | ● | | ● | |
| C5-4-7 | 管架(固、支、吊、滑等)安装调整记录 | | ● | | ● | |
| C5-4-8 | 补偿器安装记录 | | ● | | ● | |
| C5-4-9 | 防腐层施工质量检查记录 | | ● | | ● | ● |
| C5-4-10 | 牺牲阳极埋设记录 | | ● | | ● | ● |
| C5-4-11 | 顶管施工记录 | | ● | | | |
| C5-4-12 | 浅埋暗挖法施工检查记录 | | ● | | | |
| C5-4-13 | 盾构法施工记录 | | ● | | | |
| C5-4-14 | 盾构管片拼装记录 | | ● | | | |
| C5-4-15 | 小导管施工记录 | | ● | | | |
| C5-4-16 | 大管棚施工记录 | | ● | | | |
| C5-4-17 | 隧道支护施工记录 | | ● | | | |
| C5-4-18 | 注浆检查记录 | | ● | | ● | |
| C5-5 | 厂(场)、站工程施工记录 | | | | | |
| C5-5-1 | 设备基础检查验收记录 | | ● | | ● | ● |
| C5-5-2 | 钢制平台/钢架制作安培检查记录 | | ● | | ● | |
| C5-5-3 | 设备安装检查记录(通用) | | ● | | ● | |
| C5-5-4 | 设备联轴器对中检查记录 | | ● | | | |
| C5-5-5 | 窗口安装检查记录 | | ● | | ● | |
| C5-5-6 | 安全附件安装检查记录 | | ● | | ● | |
| C5-5-7 | 锅炉安装(整装)施工记录 | 安装单位 | ● | | ● | |
| C5-5-8 | 锅炉安装(散装)施工记录 | 安装单位 | ● | | ● | |
| C5-5-9 | 软化水处理设备安装调试记录 | | ● | | ● | |

**续表1.1**

| 类别编号 | 资料名称 | 资料来源 | 保存单位 | | | |
|---|---|---|---|---|---|---|
| | | | 施工单位 | 监理单位 | 建设单位 | 城建档案馆 |
| C5-5-10 | 燃烧器及燃料管路安装记录 | | ● | | ● | |
| C5-5-11 | 管道/设备保湿施工检查记录 | | ● | | ● | |
| C5-5-12 | 净水厂水处理工艺系统调试记录 | | ● | | ● | |
| C5-5-13 | 加药、加氯工艺系统调试记录 | | ● | | ● | |
| C5-5-14 | 自控系统调试记录 | | ● | | ● | |
| C5-5-15 | 自控设备单台安装记录 | | ● | | ● | |
| C5-5-16 | 污水处理工艺系统调试记录 | 施工单位提供 | ● | | ● | |
| C5-5-17 | 污泥消化工艺系统调试记录 | 施工单位提供 | ● | | ● | |
| C5-6 | 电气安装工程施工记录 | | | | | |
| C5-6-1 | 电缆敷设检查记录 | | ● | | ● | |
| C5-6-2 | 电气照明装置安装检查记录 | | ● | | ● | |
| C5-6-3 | 电线(缆)钢导管安装检查记录 | | ● | | ● | |
| C5-6-4 | 成套开关柜(盘)安装检查记录 | | ● | | | |
| C5-6-5 | 盘、柜安装及二次接线检查记录 | | ● | | ● | |
| C5-6-6 | 避雷装置安装检查记录 | | ● | | ● | |
| C5-6-7 | 起重机电气安装检查记录 | | ● | | ● | |
| C5-6-8 | 电机安装检查记录 | | ● | | ● | |
| C5-6-9 | 变压器安装检查记录 | | ● | | ● | |
| C5-6-10 | 高压隔离开关、负荷开关及熔断器安装检查记录 | | ● | | ● | |
| C5-6-11 | 电缆头(中间接头)制作记录 | | ● | | ● | |
| C5-6-12 | 厂区供水设备、供电系统调试记录 | | ● | | ● | |
| C5-6-13 | 自动扶梯安装前检查记录 | | ● | | ● | ● |
| C6 | 施工试验记录 | | | | | |
| C6-1 | 施工试验记录(通用) | | ● | | ● | ● |
| C6-2 | 基础/主体结构工程通用施工试验记录 | | | | | |
| C6-2-1 | 土壤(无机料)最大干密度与最佳含水率试验报告 | | ● | | ● | |
| C6-2-2 | 土壤压实度试验记录(环刀法) | | ● | | ● | |
| C6-2-3 | 砌筑砂浆抗压强度试验报告 | | ● | | ● | |
| C6-2-4 | 混凝土抗压强度试验报告 | | ● | | ● | |
| C6-2-5 | 混凝土抗折强度试验报告 | | ● | | ● | |
| C6-2-6 | 混凝土抗渗试验报告 | | ● | | ● | |
| C6-2-7 | 混凝土抗冻试验报告 | | ● | | ● | |
| C6-2-8 | 砌筑砂浆试块强度统计、评定记录 | | ● | | ● | ● |

**续表 1.1**

| 类别编号 | 资料名称 | 资料来源 | 保存单位 | | | |
|---|---|---|---|---|---|---|
| | | | 施工单位 | 监理单位 | 建设单位 | 城建档案馆 |
| C6-2-9 | 混凝土试块强度统计、评定记录 | | ● | | ● | ● |
| C6-2-10 | 钢筋连接试验报告 | | ● | | ● | ● |
| C6-2-11 | 射线检测报告 | | ● | | ● | ● |
| C6-2-12 | 射线检测报告(底片评定记录) | | ● | | ● | |
| C6-2-13 | 超声波检测报告 | | ● | | ● | ● |
| C6-2-14 | 超声波检测报告(缺陷记录) | | ● | | ● | |
| C6-2-15 | 磁粉检测报告 | | ● | | ● | ● |
| C6-2-16 | 渗透检测报告 | | ● | | ● | ● |
| C6-3 | 道路、桥梁工程试验记录 | | | | | |
| C6-3-1 | 道路基层混合料抗压强度试验报告 | | ● | ● | ● | ● |
| C6-3-2 | 压实度试验记录(灌砂法) | | ● | | ● | |
| C6-3-3 | 沥青混合料压实度试验报告 | | ● | | ● | |
| C6-3-4 | 回弹弯沉值记录 | | ● | | | |
| C6-3-5 | 沥青混凝土路面厚度检验记录 | | ● | ● | ● | ● |
| C6-3-6 | 路面平整度检查记录 | | ● | ● | ● | ● |
| C6-3-7 | 路面粗糙度检查记录 | | ● | ● | ● | ● |
| C6-3-8 | 路面弯沉值检查记录 | | ● | ● | ● | ● |
| C6-3-9 | 桥梁功能性试验委托书 | | ● | | ● | ● |
| C6-3-10 | 桥梁功能性试验报告 | 试验单位 | ● | | ● | ● |
| C6-4 | 管(隧)道工程试验记录 | | | | | |
| C6-4-1 | 给水管道水压试验记录 | | ● | | ● | ● |
| C6-4-2 | 给水、供热管网冲洗记录 | | ● | | ● | |
| C6-4-3 | 供热管道水压试验记录 | | ● | | ● | |
| C6-4-4 | 供热管网(场站)试运行记录 | | ● | | ● | |
| C6-4-5 | 补偿器冷拉记录 | | | | ● | |
| C6-4-6 | 管道通球试验记录 | | | | ● | |
| C6-4-7 | 燃气管道强度试验验收单 | | ● | | ● | ● |
| C6-4-8 | 燃气管道严密性试验验收单 | | ● | | ● | ● |
| C6-4-9 | 燃气管道气压严密性试验记录(一) | | ● | | ● | ● |
| C6-4-10 | 燃气管道气压严密性试验记录(二) | | ● | | ● | ● |
| C6-4-11 | 管道系统吹洗(脱脂)记录 | | ● | | ● | |
| C6-4-12 | 阴极保护系统验收测试记录 | | ● | | ● | ● |
| C6-4-13 | 污水管道闭水试验记录 | | ● | | ● | ● |

**续表1.1**

| 类别编号 | 资料名称 | 资料来源 | 保存单位 | | | |
|---|---|---|---|---|---|---|
| | | | 施工单位 | 监理单位 | 建设单位 | 城建档案馆 |
| C6-5 | 厂(场)、站工程试验记录 | | | | | |
| C6-5-1 | 调试记录(通用) | | ● | | ● | ● |
| C6-5-2 | 设备单机试运转记录(通用) | | ● | | ● | ● |
| C6-5-3 | 设备强度/严密性试验记录 | | ● | | ● | ● |
| C6-5-4 | 起重机试运转试验记录 | | ● | | ● | ● |
| C6-5-5 | 设备负荷联动(系统)试运行记录 | | ● | | ● | ● |
| C6-5-6 | 安全阀调试记录 | | ● | | ● | |
| C6-5-7 | 水池满水试验记录 | | ● | | ● | ● |
| C6-5-8 | 消化池气密性试验记录 | | ● | | ● | ● |
| C6-5-9 | 曝气均匀性试记录 | | ● | | ● | ● |
| C6-5-10 | 防水工程试水记录 | | ● | | ● | |
| C6-6 | 电气工程施工试验记录 | | | | | |
| C6-6-1 | 电气绝缘电阻测试记录 | | ● | | ● | ● |
| C6-6-2 | 电气照明全负荷试运行记录 | | ● | | ● | ● |
| C6-6-3 | 电机试运行记录 | | ● | | ● | ● |
| C6-6-4 | 电气接地装置隐检/测试记录 | | ● | | ● | ● |
| C6-6-5 | 变压器试运行检查记录 | | ● | | ● | ● |
| C7 | 施工验收资料 | | | | | |
| C7-1 | 基础/主体结构工程验收记录 | | ● | ● | ● | ● |
| C7-2 | 部位验收记录(通用) | | ● | ● | ● | ● |
| C7-3 | 工程竣工验收鉴定书 | | ● | ● | ● | ● |
| C7-4 | 工程竣工报告 | 施工单位 | ● | ● | ● | ● |
| C7-5 | 竣工测量委托书 | | ● | | | |
| C7-6 | 竣工测量报告 | 竣工测量单位 | ● | | ● | ● |
| C7-7 | 单位工程质量控制资料核查表 | | ● | ● | ● | ● |
| C8 | 质量评定资料 | | | | | |
| C8-1 | 单位工程质量评定表 | | ● | | ● | ● |
| C8-2 | 工程部件质量评定表 | | ● | | ● | |
| C8-3 | 工序质量评定表 | | ● | | ● | |
| D类 | 竣工图 | | | | | |
| E类 | 工程资料、档案封面和目录 | | | | | |
| E1 | 工程资料总目录卷 | | | | | |
| E1-1 | 工程资料总目录汇总表 | | ● | | ● | |

**续表 1.1**

| 类别编号 | 资料名称 | 资料来源 | 保存单位 | | | |
|---|---|---|---|---|---|---|
| | | | 施工单位 | 监理单位 | 建设单位 | 城建档案馆 |
| E1－2 | 工程资料总目录 | | ● | | ● | |
| E2 | 工程资料封面和目录备考表 | | | | | |
| E2－1 | 工程资料案卷封面 | | ● | | ● | |
| E2－2 | 工程资料案卷内目录 | | ● | | | |
| E2－3 | 工程资料案卷内备考表 | | ● | ● | ● | |
| E3 | 城市建设档案封面和目录备考表 | | | | | |
| E3－1 | 城市建设档案案卷封面 | | | | ● | ● |
| E3－2 | 城市档案卷内目录 | | | | ● | ● |
| E3－3 | 城建档案案卷审核人备考表 | | | | ● | ● |
| E4 | 工程资料档案移交书 | | | | | |
| E4－1 | 工程资料移交书 | | | | ● | |
| E4－2 | 城市建设档案移交书 | | | | ● | ● |
| E4－3 | 城市建设档案缩微品移交书 | | | | ● | ● |
| E4－4 | 城市建设档案移交目录 | | | | ● | ● |
| E4－5 | 城建档案缩微品移交目录 | | | | ● | ● |

注:表中“监规”指《建设工程监理规范》(GB 50319—2000)。

# 第2章　基建文件管理

## 2.1　基建文件

### 【基　础】

#### ◆基建文件管理的一般规定

从事工程建设活动应当依照法律、法规的规定，遵照工程建设程序办理，按照前后顺序完成一个建设项目，要依次经过可行性研究、立项申批、建设用地和城市规划许可、工程勘察、工程设计、工程施工、工程竣工验收、交付使用等过程，工程基本建设资料也要依次在实施中形成。涉及向政府行政主管部门申报的基建文件，必须按照行政主管部门的有关规定执行。

基建文件管理的一般规定归纳如下。

(1)基建文件必须按照有关行政主管部门的规定和要求进行申报、审批，并确保开、竣工手续和文件完整、齐全。

(2)工程竣工验收由建设单位组织勘察、设计、监理、施工等有关单位进行，并形成竣工验收文件。

(3)工程竣工后，建设单位应负责工程竣工备案工作，按照竣工备案的有关规定，提交完整的竣工备案文件，报给竣工备案管理部门备案。

### 【实　务】

#### ◆基建文件管理的具体流程

基建文件管理流程如图2.1所示。

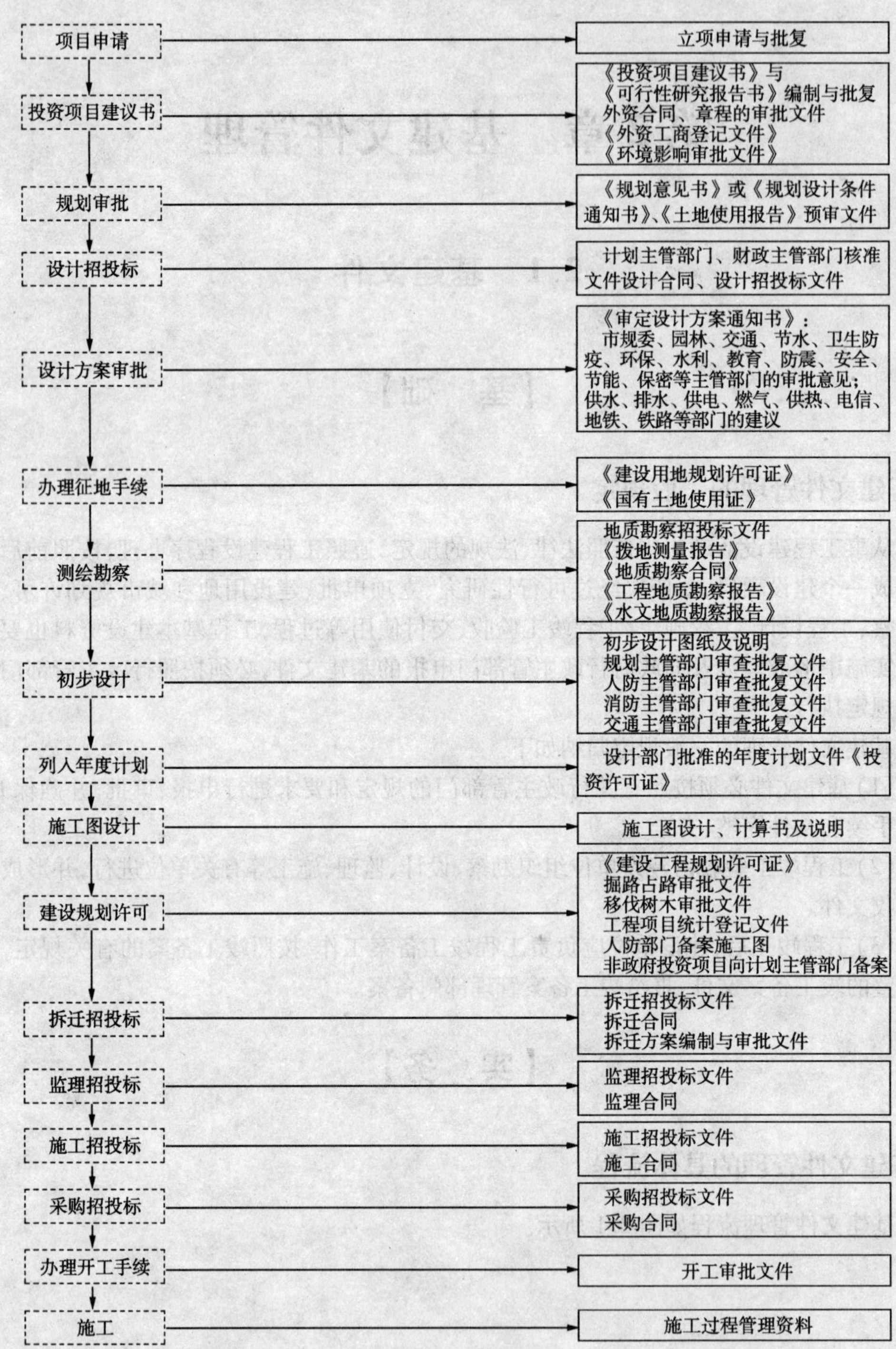


图 2.1 基建文件管理流程(一)

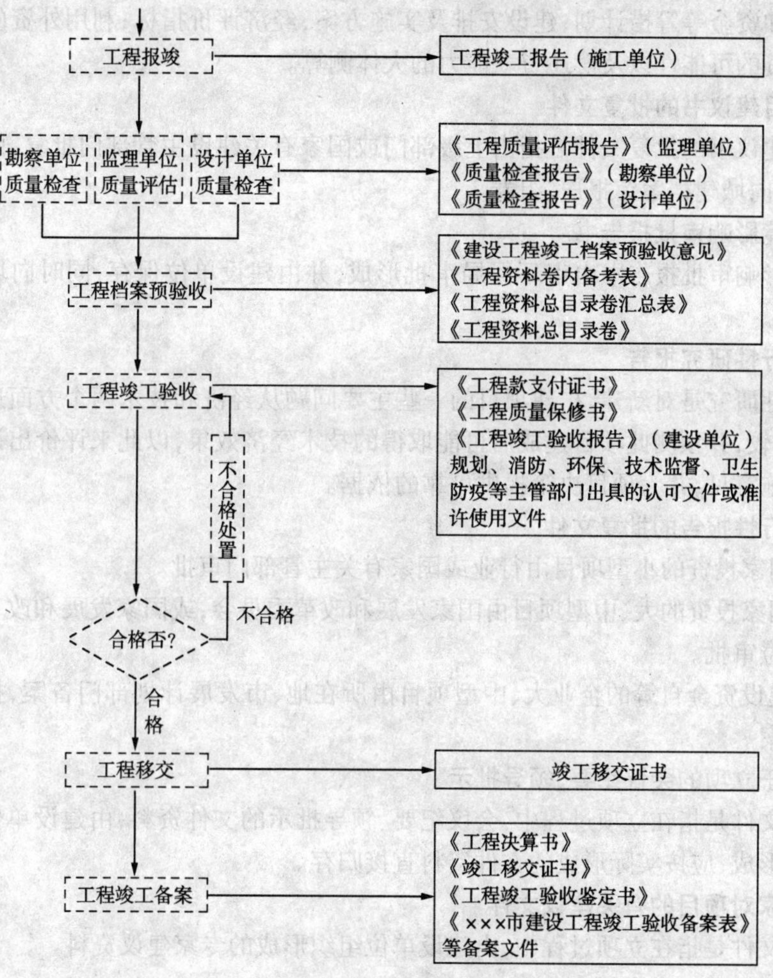


图2.1　基建文件管理流程(二)

## 2.2　基建文件内容与要求

### 【基　础】

### ◆决策立项文件

**1. 项目建议书**

项目建议书是一份建议形式的文件，主要由文字组成，这份文件主要由建设单位编制并申报。

项目建议书的主要内容包括建设项目提出的必要性和主要依据；拟建规模、技术标准、建设地点的初步设想；项目内容、主要工作量、现有资源情况、建设条件及建设方案；

投资结算和资金等筹措计划；建设安排及实施方案；经济评价指标；利用外资的项目要说明利用外资的可能性以及偿还贷款能力的大体测算。

**2. 项目建议书的批复文件**

项目建议书的批复文件是指由上级部门或国家有关建设主管部门批复，由建设单位保存，同时向城建档案馆报送、组卷。

**3. 环境影响审批报告书**

环境影响审批报告书由市环保局审批形成，并由建设单位保存，同时向城建档案馆报送、组卷。

**4. 可行性研究报告**

可行性研究是对新建、扩建项目的一些主要问题从经济和技术两个方面进行调查研究、分析比较，并预测此项目建成后可能取得的技术经济效果，以此来评价出该项目的可建性与实施意见，并为项目决策提供可靠的依据。

**5. 可行性报告的批复文件**

(1)国家投资的小型项目由行业或国家有关主管部门审批。

(2)国家投资的大、中型项目由国家发展和改革委员会，或国家发展和改革委员会委托有关单位审批。

(3)建设资金自筹的企业大、中型项目由所在地、市发展计划部门备案，报国家及有关部门备案。

**6. 关于立项的会议纪要、领导批示**

这类文件是指在立项过程中，会议纪要、领导批示的文件资料，由建设单位或其上级主管单位形成，应按实际形成的文件资料直接归存。

**7. 专家对项目的有关建议文件**

这类文件是指在立项过程中，由建设单位组织形成的专家建议资料。

**8. 项目评估研究资料**

项目评估资料是指对可行性研究报告的客观性、全面性、准确性进行评价与选择，并出具评估报告。通过批准后审批立项，颁发批准文件。

**9. 项目评估研究资料的基本内容**

项目评估研究资料的基本内容包括项目建设的必要性，建设规模和产品方案，厂址(地址或路线规划方案)，建设工程的方案和标准，工艺、技术和设备的先进性、适用性和可靠性，外部协作配备项目和配合条件，环境保护，投资结算及投资来源，国民经济评价，财务评价，不确定性分析，社会效益评价及项目总评估。

## ◆建设用地、征地与拆迁文件

**1. 土地使用报告预审文件、国有土地使用证**

(1)批准的建设项目可行性研究报告或县级以上人民政府批准的有关文件，向县以上人民政府土地管理部门提出项目建设用地申请。

(2)县以上人民政府土地管理部门对建设用地申请进行审核、划定用地范围，并组织建设单位与被征用土地单位以及有关单位依法商定征用土地协议和补偿、安置方案，报县级以上人民政府批准。

(3)建设用地申请,依照法律规定,经县级以上人民政府批准后,由土地管理部门根据建设进度需要一次或几次分期划拨建设用地。

(4)建设项目竣工后,由城市规划管理部门会同土地管理部门、房地产管理部门核查实际用地后,由县级以上人民政府办理土地登记手续,核发《国有土地使用证》。

**2. 规划意见书**

(1)规划意见书指城市规划行政主管部门最终审批的工程项目选址申请及选址规划意见通知书,按当地城市规划行政主管部门的统一表式执行,以此文件直接归存。

(2)各级政府计划部门审批项目建议书时,征求同级政府城市规划行政主管部门的意见。可行性研究报告请批时,必须附有城市规划行政主管部门的选址意见书。

(3)规划意见书应由各地、市规划委员会办理。

**3. 建设用地规划许可证**

(1)建设用地规划许可证是由建设单位和个人提出建设用地申请,城市规划行政主管部门根据规划和建设项目的用地需要,确定建设用地位置、面积界限的法定凭证。

(2)建设用地规划许可证规定的用地性质、位置和界线,未经原审批单位同意,任何个人和单位不得擅自变更。

**4. 建设项目选址意见书的内容**

(1)建设项目的基本情况。

(2)选址依据。

(3)项目选址、用地范围及规划要求。

## ◆勘察、测绘与设计文件

**1. 工程地质勘察报告**

工程地质勘察报告的内容分为文字和图表两部分。

(1)文字部分包括概述、场地描述及地下水、地层分布及工程地质条件评述。

(2)图表部分包括钻孔平面布置图、地质柱状图、地质柱状及静探曲线图、地质岩性剖面图、土壤压缩曲线图、土壤试验结果汇总表及土壤剪力试验成果。

城市规划区内的建设工程,由于建筑范围有限,一般只进行工程地质勘察工作,就可以满足设计需要。需注意的是工程地质勘察报告要由建设单位委托的勘察设计单位勘察形成。

**2. 水文地质勘察报告**

水文地质勘察是指为查明一个地区的水文地质条件而进行的水文地质调查工作。调查结果由勘察部门编制水文地质勘察报告,其内容包括水文地质勘探、水文地质测绘、水文地质试验,以及地下水动态的长期观测、水文地质参数计算、地下水资源保护和地下水资源评价。

**3. 测量交线、交桩通知书**

测量交线、交桩通知书是指建设单位委托测绘设计单位根据划拨用地等文件提供的用地测绘资料,该文件由本地、市规划委员会审批。

**4. 验线合格文件**

验线合格文件是指建设单位委托测绘设计单位测量结果资料。该文件由本地、市规划委员会审批形成，应在测量情况栏中绘制示意图，并写明所采用的测量仪器及测量方法。

**5. 审定设计方案通知书**

委托设计是指建设项目主管部门对有设计能力的设计单位或者经过招投标中标单位提出委托设计的委托书，建设单位和设计单位签订设计合同，并由规划管理部门签发工程设计条件通知书并附图。

(1)建设单位申报规划设计应准备的相关文件和图纸有可行性研究报告，拟建项目说明，拟建方案示意图，地形图和用地范围及其他。

(2)规划行政管理部门对建设单位申报的规划设计条件进行审定和研究，符合规定时，可根据已签发规划设计条件通知书，建设单位可作为方案设计的依据。

(3)设计方案通知书主要是规定了规划设计的条件，主要包括用地情况，用地的使用度，用地的使用性质，建设设计要求，市政设计要求，市政要求及其他遵守事项。

**6. 有关部门对审定设计方案通知书的审查意见**

该文件指分别由人防、消防、环保、交通、市政、园林、河湖、文物、通信、保密、教育等有关行政主管部门对项目涉及的相关方面审查批准文件或协议文件。

**7. 初步设计图纸及说明**

初步设计是设计工作的第一阶段，是根据批准的可行性研究报告和规划设计条件通知书的各项要求，以及必备和准确的设计基础资料，对建设项目的建设方案、工艺流程、资金情况通盘考虑，进行粗略的计算和设计，做出总体的设计安排和编制出设计总概算。

初步设计图纸及说明是指建设单位委托设计单位提出的初步设计阶段技术文件资料。初步设计的内容包括初步设计依据和设计指导思想；生产工艺流程和各专业主要设计方案；建设规模，近景及远景规划；主要建筑物、构筑物、公用辅助设施、人防设施、生活区建设；新技术、新工艺、新设备采用情况；建设顺序和建设周期；环保、抗震评价，综合利用和“三废”治理；经济指标和评价；外部协作条件；生产组织、工作制度和劳动定员；初步设计总概算；各种依据、协议文件及附件、附图、附表。

经规划行政主管部门审查后，由规划行政主管部门发出修改设计方案通知书，申报单位按通知书中修改意见和附图进行修改，修改完成后重新申报。

审定设计方案还要征求有关人防、消防、环保、交通、园林等部门的意见，求得批复。

**8. 施工图设计及说明**

施工图设计是建设项目设计工作的最后阶段，它是把初步设计和技术设计中确定的设计方案和设计原则进一步具体化、明确化，并把工程和设备的各个组成部分的尺寸、平面布置、节点大样和主要施工方法，以图样和文字说明的形式加以确定，并编制设备、材料明细表和施工图预算。

对于施工图一般不再组织进行专门的审批，由设计单位负责，注册结构师、注册建筑师等注册执业人员应当在设计文件上签字，对设计文件负责。施工图和预算经设计单位内部审定后，便成为建设项目施工和预算包干、工程缩算的直接依据，还应有消防设计审批意见。

**9. 消防设计审核意见**

消防设计审核意见是由消防局审批而形成的技术资料文件。

**10. 施工图设计文件审查通知书**

施工图审查分程序性审查和技术性审查,是建设工程勘察设计质量监督管理的重要环节,也是基本建设必不可少的程序。

建设单位向施工图审查机构报审材料齐备后,建设行政主管部门向建设单位发出《审查通知书》,并委托具有相应资质的施工图审查机构进行审查。审查合格后施工图应标注有施工图审查批准号,施工图审查批准书是进行施工招投标办理施工许可证的必备条件之一。

## ◆工程开工文件

**1. 年度施工任务批准文件**

年度施工任务(年度计划)是国家和地方人民政府根据国家政策和建设任务制定和安排的。建设单位就本单位拟(已)建建设项目进展和准备情况编写本单位的年度计划,向计划主管部门申报,经计划部门综合平衡,待批准后列入国家和地方的基本年度计划。

建设项目年度计划的申报工作由建设单位办理。根据已经具备的建设条件,将正式年度计划报告向计划行政主管部门申报,要求本项目列入年度计划。已被列入年度计划的工程开工项目,才能开工建设。

建设工程开工证是各项建设开工前所必须具备的文件,建设项目经审查完全具备开工条件后,由具有审批权限的建设行政主管部门核发建设工程开工证。军队由军队系统基本建设行政主管部门直接进行审核并核发建设工程开工证。

**2. 修改工程施工图纸通知书**

修改施工图纸通知书是由市、县规划委员会对施工图纸审查后,必做修改变动而颁发的文件。

**3. 建设工程规划许可证**

建设工程规划许可证是由市、县规划委员会对施工方案与施工图纸审查后,确定该工程符合整体规划而办理的证书。

建设工程规划许可证应包括附件和附图,它们是建设工程许可证的配套证件,具有同等法律效力;按不同工程的不同要求,由发证单位根据法律、法规和实际情况制定;该许可证由市、县规划行政主管部门核发。

**4. 建设工程施工许可证**

建设单位在工程开工前,按照国家有关规定向工程所在地县以上人民政府建设行政主管部门出具已经办理该工程的用地批准手续;在城市规划区内的工程,已取得规划许可证;需要拆迁的其拆迁进度符合施工要求;已经确定的建筑施工企业;有保证工程质量和安全的具体措施;有满足施工需要的施工图纸及技术资料;建设资金已经落实;法律、行政法规规定的其他等条件申请办理施工许可证。

以当地建设行政主管部门颁发的施工许可证归存。

**5. 工程质量监督手续**

工程质量监督手续由建设单位在确定了年度施工任务，办理了工程开工许可证后，在开工之前向当地建设行政主管部门委托的工程质量监督部门办理。

## ◆工程竣工验收及备案文件

**1. 建设工程竣工验收备案表**

建设工程竣工验收备案表由建设单位在工程竣工验收合格后负责填报，具体的内容与格式见表2.1和表2.2。

**表2.1 建设工程竣工验收备案表(封面表)**

| 建设工程竣工验收备案表 |
| --- |
| ×××建设厅制 |

表2.2　建设工程竣工验收备案表

编号：______

| 工程名称 | | | |
|---|---|---|---|
| 建设单位 | | 申报人 | |
| 施工单位 | | | |
| 设计单位 | | | |
| 施工图审查单位 | | | |
| 监理单位 | | | |
| 规划许可证号 | | 施工许可证号 | |
| 所需文件审核情况（并将材料原件附后） | | | |
| 文件名称 | 编号 | 核发机关、日期 | |
| 竣工验收报告 | | | |
| 规划验收认可文件 | | | |
| 消防验收意见书 | | | |
| 环保验收合格证 | | | |
| 工程档案验收许可书 | | | |
| 工程质量保修书 | | | |
| 住宅使用说明书 | | | |
| 以下由建设行政主管部门填写 | | | |
| 验收监督报告 | | | |
| 备案情况 | 已备案：<br>经办人（签字）：　负责人（签章） | | |

**2. 工程竣工验收报告**

（1）建设单位在工程竣工验收过程中所制定的资料。

工程竣工验收报告的基本内容如下。

1）工程概况：工程名称、工程地址、主要工程量；建设、勘察、设计、监理、施工单位名称；规划许可证号、施工许可证号、质量监督注册登记号；开工、完工日期。

2）对勘察、设计、监理、施工单位的评价意见；合同内容执行情况。

3）工程竣工验收时间；验收程序、内容、组织形式（单位、参加人）；验收组对工程竣工验收的意见。

4）建设单位对工程质量的总体评价。

5）项目负责人、单位负责人签字；单位盖公章；报告日期。

（2）填报说明。

1）竣工验收报告由建设单位负责填写。

2）竣工验收报告一式四份，一律用钢笔书写，字迹要清晰工整。建设单位、施工单位、建设行政主管部门、城建档案管理部门或其他有关专业工程主管部门各存一份。

3）报告内容必须真实可靠，如果发现虚假情况，不予备案。

4）报告需经建设、设计、施工图审查机构、施工、工程监理单位法定代表人或其委托代理人签字，并加盖单位公章后才能有效。

**3. 由规划、环保等部门出具的认可文件或准许使用文件**

建设单位在建设工程竣工验收合格后15日内，应向建设工程所在地县级以上建设行政主管部门进行备案，所提供的规划部门出具的工程规划验收认可文件；公安消防部门出具的《建设工程消防验收意见书》；环保部门出具的建设工程档案验收认可文件和法律、法规、规章规定的其他文件，此文件由建设单位和验收单位形成。

**4. 工程质量保修书**

建设工程承包单位向建设单位提交工程竣工验收报告时，还应向建设单位出具工程质量保修书，具体内容由建设单位与施工单位签订。

**5. 建设工程规划验收合格文件**

由规划行政主管部门组织验收，验收合格后，在《建设工程规划许可证》附件上加盖规划验收合格章。

**6. 建设工程竣工档案预验收意见**

城建档案馆对建设工程竣工档案预验收签署的意见归存资料，由城建档案馆形成。

**7. 工程竣工验收备案流程图**

工程竣工验收备案流程见图2.2。

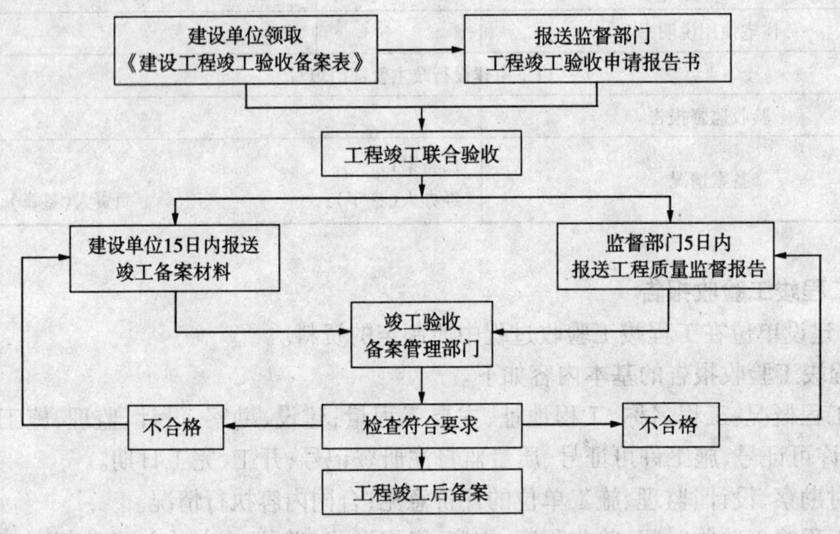


图2.2　工程竣工验收备案流程

## ◆商务文件

**1. 工程投资估算文件**

工程投资估算文件是指由建设单位委托工程设计单位、勘察设计单位或咨询单位编制的工程投资估算资料，以此文件直接归存。它由建设单位委托工程造价咨询单位编制，主要依据相应建设项目投资估算招标，参照以往类似工程的造价资料编制的，它对初步设计的工程造价和概算起控制作用。

**2. 工程设计概算**

工程设计概算是指由建设单位委托工程设计单位编制的设计概算资料，以此文件直接归存。它由建设单位委托工程造价咨询单位形成。

**3. 施工图预算**

施工图预算是在施工图设计阶段，建设单位委托工程造价咨询单位根据拟建工程的施工图纸、预算定额、分项工程的计算规则，结合有关预算定额和有关费用定额编制而成的工程建设费用文件，是拨付工程价款及竣工结算的依据。

**4. 施工预算**

施工预算是以承接工程的施工单位提出的经有资质的造价审查单位核准的工程预算归存，它由施工单位形成。

**5. 竣工决算**

竣工决算是建设单位在建设项目竣工后向国家报告建设成果和财务状况的总结性文件，是核定新增固定资产价值的依据。

**6. 交付使用固定资产清单**

交付使用固定资产清单是由建设单位对固定资产统计而编制的清单资料。

## ◆其他文件

**1. 物资质量证明文件**

按合同约定由建设单位采购的材料、设备和构配件等物资的汇总表、进场物理性能检验报告、力学性能检验报告、工艺性能检验报告及产品质量证明书，应由建设单位收集、整理，并移交施工单位汇总。

**2. 工程竣工总结**

由建设单位编制的综合性报告，简要介绍工程建设的全过程。

凡组织国家或市级工程竣工验收会的工程，可将验收会上的工程竣工报告作为工程竣工总结；其他工程，建设单位可根据下列要求编写工程竣工总结。

(1)概述。

1)工程立项的依据和建设目的。

2)工程概况，包括工程位置、数量、规模、概算(包括征用土地、拆迁、补偿费)、决算、结算等。

3)工程设计、工程监理、工程施工招投标情况。

(2)设计、施工情况。

1)设计情况。设计单位、设计内容、工程设计特点及建筑新材料。

2)施工情况。开、竣工日期；施工管理、质量、技术等方面。

3)质量事故及处理情况。

4)与市政基础设施工程配套的房建、园林、绿化、环保等施工情况。

(3)工程质量及经验教训。工程质量鉴定意见和评价；工程遗留问题及处理意见。

(4)其他需要说明的问题。

**3. 工程未开工前的原貌、竣工新貌照片**

由建设单位收集、提供的工程未开工前的原貌和竣工后的新貌照片，按原貌、新貌档案整理归类存档。

**4. 工程开工、施工、竣工的音像资料**

由建设单位收集、提供的工程开工、施工、竣工过程中的录音、录像、照片等资料，按声像、电子、缩微档案整理归类存档。

## 【实　务】

### ◆建设工程规划许可证

建设工程规划许可证，见表2.3。

**表2.3　建设工程规划许可证**

中华人民共和国

**建设工程规划许可证**

编号×××－规建字－×××

根据《中华人民共和国城市规划法》第三十二条规定，经审定，本建设工程符合城市规划要求，准予建设。

特发此证。

发证机关：×××

日期：××年×月×日

**续表2.3**

| 建设单位 | ××市政管理委员会 |
| --- | --- |
| 建设项目名称 | ××市政工程 |
| 建设位置 | ××市××区××路 |
| 建设规模 | 5 500平方米 |

附图及附件名称

本工程建设工程规划许可证附件一份

本工程设计图一份

## 遵守事项：

1. 本证是城市规划区内，经城市规划行政主管部门审定，许可建设各类工程的法律凭证。

2. 凡未取得本证或不按本证规定进行建设，均属违法建设。

3. 未经发证机关许可，本证的各项规定均不得随意变更。

4. 建设工程施工期间，根据城市规划行政主管部门的要求，建设单位有义务随时将本证提交查验。

5. 本证所需附图与附件由发证机关依法确定，与本证具有同等法律效力。

# 建设工程规划许可证

建设单位：××市政管理委员会　　×××－规建字－×××

建设位置：××市××区××　　路图幅号：×××

建设单位联系人：×××电话：×××××××××　　发件日期：××年×月×日

| 建设项目名称 | 建设规模/平方米 | 层数 | | 高度/米 | 栋数 | 结构类型 | 造价/元 | 备注 |
|---|---|---|---|---|---|---|---|---|
| | | 地上 | 地下 | | | | | |
| ××市政工程 | 5 500 | 5 | 1 | 17 | 1 | 框剪 | 5 200 000 | |
| | | | | | | | | |
| | | | | | | | | |
| | | | | | | | | |
| | | | | | | | | |
| | | | | | | | | |

抄送单位：××××　　承建单位：××××

说明：

1. 本附件与《建设工程规划许可证》具有同等效力。
2. 遵守事项见《建设工程规划许可证》。

注意事项：

1. 本工程放线完毕，请通知测绘院、规划部门验线无误后方可施工。
2. 有关消防、绿化、交通、环保、市政、文物等未尽事宜，应由建设单位负责与有关主管部门联系，妥善解决。
3. 设计责任由设计单位负责。按规定允许非正式设计单位工程，其设计责任由建设单位负责。
4. 本《建设工程规划许可证》及附件发出后，因年度建设计划变更或因故未建满2年者，《建设工程规划许可证》及附件自行失效，需建设时，应向审批机关重新申报，经审核批准后方可施工。
5. 凡属按规定应编制竣工图的工程必须按照国家编制竣工图的有关规定编制竣工图，送城市建设档案馆。

## ◆建设工程施工许可证

建设工程施工许可证,见表2.4。

**表2.4　建设工程施工许可证**

中华人民共和国

# 建设工程施工许可证

编号施×××

根据《中华人民共和国建筑法》第八条规定,经审定,本建设工程符合施工条件,准予施工。

特发此证。

发证机关:×××

日期:××年×月×日

**续表 2.4**

| 建设单位 | ××市政管理委员会 | | |
| --- | --- | --- | --- |
| 工程名称 | ××市政工程 | | |
| 建设位置 | ××市××区××路 | | |
| 建设规模 | 5 500 平方米 | 合同价格 | 520 万元 |
| 设计单位 | ××市政工程设计研究院 | | |
| 施工单位 | ××市政工程公司 | | |
| 监理单位 | ××监理公司 | | |
| 合同开工日期 | ××年×月×日 | 合同竣工日期 | ××年×月×日 |
| 备注 | | | |

## 遵守事项：

1. 本证放置施工现场，作为准予施工的凭证。

2. 未经发证机关许可，本证的各项内容不得变更。

3. 建设行政主管部门可以对本证进行查验。

4. 本证自核发之日起三个月内应予施工，逾期应办理延期手续，不办理延期或延期次数、时间超过法定时间的，本证自行废止。

5. 凡未取得本证擅自施工的属违法建设，将按《中华人民共和国建筑法》的规定予以处罚。

# 第3章　市政工程监理资料管理

## 3.1　监理资料管理概述

### 【基　础】

#### ◆监理信息和资料管理制度

(1)工程建设监理的主要方法是控制,而控制的基础是信息,故在施工中要做好信息收集、整理和保存的工作。承包单位应及时整理施工技术资料,办理签认手续。通过信息交流,使决策者及时、准确地获得信息,在经过分析之后采取相应的措施。

(2)监理人员负责收集和反馈信息,收集的信息必须是真实可靠、准确有用的,将其保存完整并及时分类,加工处理后,迅速反馈。通过信息,找出当前各项目标中的偏离事项,加以总结,提出纠偏措施,保证目标得以实现。

(3)工程建设监理应根据《建设工程监理规范》(GB 50319—2000)和《建设工程监理规程》(DBJ 01 ~41—2002)的要求制定出相应的资料管理制度,建立健全的报表制度,加强资料管理。

1)编制工程项目监理规划,报送建设单位及有关部门。

2)每月底编制监理月报,在次月5日前报送建设单位和有关部门。

3)总监理工程师应指定专人每日填写项目监理日志,记录工地的情况;各专业人员也必须写监理日记,及时填报监理报表作为信息资料予以归纳整理,并作为编制监理月报的资料。

4)根据工程规模和实际情况,可以不定期地编制简报,报道现场施工情况,报送有关领导和单位。

5)所有监理资料应及时收集齐全、整理归档,建立监理档案。监理档案的主要内容有监理合同、监理规划、监理指令、监理日志、监理月报、会议纪要、审核签认文件、工程款支付证明、工程验收记录,质量事故调查及处理报告、监理工作总结。

#### ◆监理资料的基本组成

**1. 合同文件**

(1)施工监理招投标文件。

(2)建设工程委托监理合同。

(3)施工招投标文件。

(4)建设工程施工合同、分包合同、各类订货合同等。

**2. 设计文件**

(1)施工图纸。

(2)岩土工程勘察报告。

(3)测量基础资料。

**3. 工程项目监理规划及监理实施细则**

(1)工程项目监理规划。

(2)监理实施细则。

(3)项目监理部编制的总控制计划等其他资料。

**4. 工程变更文件**

(1)审图汇总资料。

(2)设计交底记录、纪要。

(3)设计变更文件。

(4)工程变更记录。

**5. 监理月报**

**6. 会议纪要**

**7. 施工组织设计(施工方案)**

(1)施工组织设计。(总体设计或分阶段设计)

(2)分部施工方案。

(3)季节施工方案。

(4)其他专项施工方案等。

**8. 分包资质**

(1)分包单位资质资料。

(2)供货单位资质资料。

(3)试验室等单位的资质资料。

**9. 进度控制**

(1)工程动工报审表。(含必要的附件)

(2)年、季、月进度计划。

(3)月工、料、机动态表。

(4)停、复工资料。

**10. 质量控制**

(1)各类工程材料、构配件、设备报验。

(2)施工测量放线报验。

(3)施工试验报验。

(4)检验批、分项、分部工程施工报验与认可。

(5)不合格项处置记录。

(6)质量问题和事故报告及处理等资料。

**11. 造价控制**

(1)概预算或工程量清单。

(2)工程量报审与核认。
(3)预付款报审与支付证书。
(4)月工程进度款报审与签认。
(5)工程变更费用报审与签认。
(6)工程款支付申请与支付证书。
(7)工程竣工结算等。

**12. 监理通知及回复**

**13. 合同其他事项管理**

(1)工程延期报告、审批等资料。
(2)费用索赔报告、审批等资料。
(3)合同争议和违约处理资料。
(4)合同变更资料等。

**14. 工程验收资料**

(1)工程基础、主体结构等中间验收资料。
(2)设备安装专项验收资料。
(3)竣工验收资料。
(4)工程质量评估报告。
(5)竣工移交证书等。

**15. 其他往来函件**

**16. 监理日志、日记**

**17. 监理工作总结(专题、阶段和竣工总结等)**

## 【实　务】

### ◆监理资料管理规定

(1)应按照监理合同的约定监督、审核施工单位的工程资料。
(2)应对施工单位报送的施工资料进行审查,施工资料完整、准确后再予以签认。

### ◆监理资料管理的具体流程

监理资料管理的具体流程如图 3.1 所示。

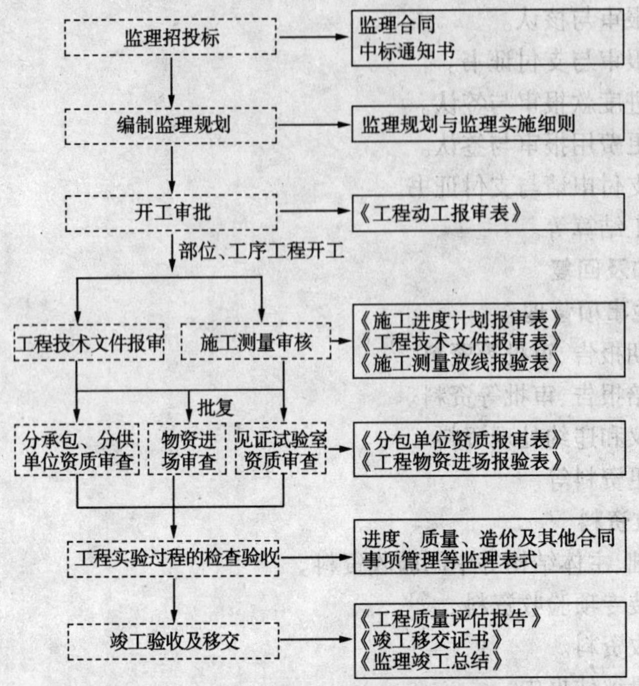


图 3.1　监理资料管理流程

## 3.2　监理管理资料

## 【基　础】

### ◆监理规划、监理实施细则

监理规划和监理实施细则是指导监理工作的纲领性文件。监理规划是依照监理大纲和委托监理合同编制的，在指导项目监理部工作方面起着重要的作用，监理规划是编制监理实施细则的重要依据。

**1. 监理规划的编制**

(1)监理规划的编制，应针对项目的实际情况，明确项目监理的工作目标，确定具体的监理工作制度、程序、方法、措施，且应具有可操作性。

(2)监理规划编制的程序与依据应符合下列规定。

1)监理规划应在签订委托监理合同或是收到设计文件之后开始编制，完成后应经监理单位技术负责人审核批准，并在召开第一次工地会议前报送建设单位。

2)监理规划应由总监理工程师主持，专业监理工程师参加编制。

3)编制的依据。

①建设工程的相关法律、法规及项目审批文件。

②与建设工程项目相关的标准、设计文件、技术资料。

③监理大纲、委托监理合同文件及与建设工程项目相关的合同文件。

(3)监理规划的主要内容。

1)工程项目概况。

2)监理工作范围。

3)监理工作内容。

4)监理工作目标。

5)监理工作依据。

6)项目监理机构的组织形式。

7)项目监理机构的人员配备计划。

8)项目监理机构的人员岗位职责。

9)监理工作程序。

10)监理工作方法及措施。

11)监理工作制度。

12)监理设施。

(4)在监理工作实施过程中,若实际情况或条件发生重大变化而需要调整监理规划,应由总监理工程师组织专业监理工程师研究修改,按原报审程序经批准后报建设单位。

**2. 监理实施细则的编制**

(1)对于中型及以上或专业性比较强的工程项目,项目监理机构应编制监理实施细则。监理实施细则须符合监理规划的要求,结合工程项目的专业特点,做到详细具体、具有可操作性。

(2)监理实施细则的编制程序与依据应符合以下规定。

1)监理实施细则应在相应工程施工开始前编制完成,并必须经总监理工程师批准。

2)监理实施细则应由专业监理工程师编制。

3)编制监理实施细则的依据。

①已批准的监理规划。

②与专业工程相关的标准、设计文件和技术资料。

③施工组织设计。

(3)监理实施细则的主要内容。

1)专业工程的特点。

2)监理工作的流程。

3)监理工作的控制要点及目标值。

4)监理工作的方法及措施。

(4)在监理工作实施过程中,监理实施细则须根据实际情况进行补充、修改和完善。

# 【实 务】

## ◆监理月报

**1. 编制监理月报**

编制监理月报的基本要求如下。

(1)总监理工程师组织编制监理月报,签署后报送给建设单位和监理单位。

(2)监理月报的编制周期为上月26日到本月25日,在次月的5日前发出。

(3)监理月报应真实地反映工程现状及监理工作情况,需做到数据准确、重点突出、语言简练、附有必要的图表和照片。

(4)监理月报采用A4规格纸装订。

**2. 监理月报的基本内容**

监理月报的基本内容如下。

(1)工程概况。

1)市政工程:工程名称、工程地点、建设单位、承包单位、设计单位、工程内容(道路、桥梁、各类管线、场站等)、工程规模(道路长度、面积,桥梁总长度、跨度、面积,管线管径、长度等)、工程等级、工程示意图等。

2)合同情况:合同约定质量目标、工期、合同价等。

(2)施工基本情况。

简述本期工程完成的施工进度以及施工中发生的重大问题等,使审阅人对本期工程有一个概括的了解,无需说明完成哪些分项工程及其完成的日期和经过。

(3)承包单位项目组织系统。

1)承包单位组织框图和主要负责人简介。

2)主要分包单位承担分包工程的情况及现场机械一览表。

(4)工程进度。

1)工程实际完成情况与总进度计划比较。

2)本月实际完成情况与计划进度对比表。

3)本月对进度完成情况的分析。(含停工、复工情况)

4)反映本月工程施工部位全貌的工程照片。

(5)工程质量。

1)分项工程及检验批质量验收情况。(部位、承包单位自评、监理单位签认、一次验收合格率等)

2)分部子分部工程质量验收情况。

3)主要施工试验情况(如钢筋连接,混凝土试块强度,砌体砂浆强度,暖、卫、电气施工试验等)。

4)单位(子单位)工程质量验收情况。

5)本期工程质量问题分析与评价及采取的措施和效果。

(6)工程计量与工程款支付。

1)工程量审批情况。

2)工程款审批及支付凭证。

3)工程款到位情况分析。

(7)材料构配件与设备。

1)采购、供应、进场及质量情况。

2)对供应厂家资质的考察情况。

(8)合同其他事项的处理情况。

1)工程变更情况。(主要内容、数量)

2)工程延期情况。

3)费用索赔情况。

(9)天气对施工影响的情况。(影响天数及部位)

(10)项目监理部组成与工作统计。

1)项目监理部组织框图。

2)监理人员构成表。

3)监理抽检一览表。

4)监理工作统计表。

(11)本月监理工作小结和下月监理工作重点。

1)对本期工程进度、质量、工程款支付等方面的综合评价。

2)意见和建议。

3)本月监理工作的主要内容。

4)下月监理工作重点。

**3. 监理月报由监理单位编制,建设单位、监理单位保存。**

## ◆监理会议纪要

监理会议纪要应由项目监理部根据会议记录进行整理,经总监理工程师审阅,由与会各方代表会签。

(1)监理会议纪要由监理工程师根据指定的监理人员所做的会议记录整理,主要内容如下。

1)会议地点及时间。

2)会议主持人。

3)与会人员姓名、单位、职务。

4)会议主要内容、议决事项及其负责落实单位、负责人和时限要求。

5)其他事项。

(2)会议纪要的审签,打印和发送。

1)会议纪要的内容应准确、如实、简明扼要。

2)会议纪要经总监理工程师审阅,由与会各方代表会签。

3)会议纪要印发至合同有关各方,并应有签收手续。

4)会议纪要中的议决事项,有关各方应在约定的时限内落实。

(3)该文件由监理单位形成,建设单位、监理单位保存。

### ◆监理工作日志

工程项目监理日志是以项目监理部的监理工作为记载对象,从监理工作开始之日起至监理工作结束之日止,须由专人负责,逐日记载,该文件由监理单位形成并保存。

### ◆监理工作总结

监理工作总结的内容包括工程概况、监理组织机构、监理人员、投入的监理设施、监理合同履行情况、监理工作成效、施工过程中出现的问题及其处理情况、建设、工程照片(必要时)等。监理工作总结须由总监理工程师主持编写并审批,监理工作总结须在工程竣工移交证书签发之日起一个月内编写完毕。对国家、市重点工程,特大型工程以及专业特种工程等应摄制声像材料,要能反映出工程建设的原貌、奠基、施工过程控制以及竣工验收等全过程的内容;声像材料还须附有注明工程项目名称及影音内容的文字材料。

该文件由监理单位形成,城建档案馆、建设单位、监理单位保存;同时,向城建档案馆报送、组卷。

## 3.3 施工监理资料

## 【基　础】

### ◆工程技术文件报审表

工程技术文件报审表样式,见表3.1。

**表3.1　工程技术文件报审表**

编号:______

| 工程名称 | | 日期 | |
|---|---|---|---|

现报上关于__________工程技术文件,请予以审定。

| 序号 | 类别 | 编制人 | 册数 | 页数 |
|---|---|---|---|---|
| | | | | |
| | | | | |

编制单位名称:　　　　技术负责人(签字):　　　　申报人(签字):

续表 3.1

承包单位审核意见：

□有/□无　附页

承包单位名称：　　审核人(签字)：　　审核日期：

监理单位审核意见：

审定结论：□同意　□修改后再报　□重新编制

监理单位名称：　　总监理工程师(签字)：　　日期：

注:本表由承包单位填报,建设单位、监理单位、承包单位各存一份。

当某些主要分部(分项)工程或重点部位、关键工序在施工前,将施工工艺、原材料使用、劳动力配置、质量保证措施等情况编写专项施工方案;或当承包单位采用新技术、新工艺时,其提供的鉴定证明和确认文件;或在施工前季节性的施工方案(冬施、雨施等),经施工单位技术部门审查通过,填写《工程技术文件报审表》报项目监理部。总监理工程师组织专业监理工程师审核,填写审核意见,由总监理工程师签署审定结论。

## ◆施工测量放线报审表

### 1. 施工测量放线报审表样式

施工测量放线报审表样式,见表 3.2。

表 3.2　施工测量放线报审表

编号：______

| 工程名称 | | 日期 | |
|---|---|---|---|

致(监理单位)：

我方已完成(内容)的测量放线,经自检合格,请予查验。

附件:1. □放线的依据材料____________页

2. □放线成果表____________页

测量员(签字)：　　岗位证书号：

查验人(签字)：　　岗位证书号：

承包单位名称：　　技术负责人(签字)：

查验结果：

查验结论：　□合格　□纠错后重报

监理单位名称：　　监理工程师(签字)：　　日期：

注:本表由承包单位填报,建设单位、监理单位、承包单位各存一份。

**2. 施工测量放线报审表填表说明**

(1)承包单位施工测量放线完毕,自检合格后报项目监理机构复核确认。

(2)测量放线的专职测量人员资格及测量设备应是已被项目监理机构确认过的。

(3)工程或部位的名称。工程定位测量填写工程名称,轴线、高程测量填写所测量项目部位名称。

(4)放线内容。指测量放线工作内容的名称,如轴线测量、标高测量等。

(5)专职测量人员(岗位证书编号)。指承担这次测量放线工作的专职测量人员及其岗位证书编号。

(6)备注。施工测量放线使用测量仪器的名称、型号、编号。

(7)测量放线依据材料及放线成果。依据材料是指施工测量方案、建设单位提供的红线桩、水准点等材料;放线成果指承包单位测量放线所放出的控制线及其施工测量放线记录表。(依据材料应是已经项目监理机构确认过的)

(8)专业监理工程师审查意见。专业监理工程师根据对测量放线资料的审查和现场实际复测情况签署意见。

## ◆施工进度计划报审表

施工单位应根据建设工程施工合同的约定,按时编制施工总进度计划、季度进度计划、月进度计划,并按时填写《施工进度计划报审表》(表3.3)报项目监理部审批。

**表3.3　施工进度计划报审表**

编号:______

| 工程名称 | | 日期 | |
|---|---|---|---|
| 致______(监理单位):<br>现报上____年____季____月工程施工进度计划,请予以审查和批准。<br>附件:1. □施工进度计划(说明、图表、工程量、工作量、资源配备)____份<br>2. □<br>承包单位名称:　　项目经理(签字): | | | |
| 审查意见:<br>监理工程师(签字):　　日期: | | | |
| 审查结论:□同意　□修改后再报　□重新编制<br>监理单位名称:　　总监理工程师(签字):　　日期: | | | |

注:本表由承包单位填报,建设单位、监理单位、承包单位各存一份。

监理工程师应根据本工程的条件(工程的规模、质量标准、复杂程度、施工的现场条件等)及施工队伍的条件,全面分析承包单位编制的施工总进度计划的合理性、可行性。施工总进度计划应符合施工合同中竣工日期的规定,可以用横道图或网络图表示并附文字说明。监理工程师应对网络计划的关键线路进行审查、分析。对季度进度计划,应要求承包单位同时编写主要工程物资的采购及进场时间等计划安排。总进度计划经总监理工程师批准实施,并报送建设单位,需要重新修改,应限时要求承包单位重新申报。

施工进度计划审批程序见图3.2。

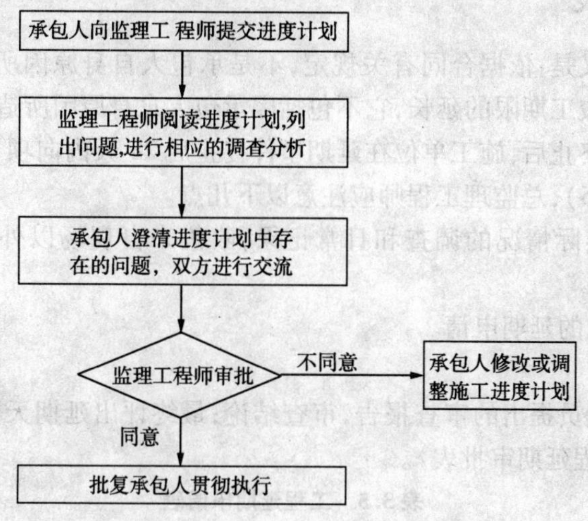


图3.2 施工进度计划的审批程序

## ◆工程动工报审表

施工单位根据现场实际情况达到开工条件时,应向项目监理部申报《工程动工报审表》(表3.4)。由监理工程师审核,总监理工程师签署审批结论,并报建设单位。

**表3.4 工程动工报审表**

编号:______

| 工程名称 | | 日期 | |
|---|---|---|---|

致______________(监理单位):

根据合同约定,建设单位已取得主管单位审批的施工许可证,我方也完成了开工前的各项准备工作,计划于_____年_____月_____日开工,请审批。

已完成报审的条件有:

1. □建设工程施工许可证(复印件)
2. □施工组织设计(含主要管理人员和特殊工种资格证明)
3. □施工测量放线
4. □主要人员、材料、设备进场
5. □施工现场道路、水、电、通信等已达到开工条件
6. □

承包单位名称: 项目经理(签字):

审查意见:

监理工程师(签字): 日期:

审查结论:□同意 □不同意

监理单位名称: 总监理工程师(签字): 日期:

注:本表由承包单位填报,建设单位、监理单位、承包单位各存一份。

## ◆工程延期申请表

工程延期的定义是:依据合同有关规定,不是承包人自身原因所造成的经监理工程师书面批准的合同竣工期限的延长,它不包括因承包人自身原因所造成的工期延误。

工程延期事件终止后,施工单位在延期事件终止后28天内向项目监理部提交《工程延期申请表》(表3.5),总监理工程师应注意以下几点。

(1)做好工地实际情况的调查和日常记录,收集来自现场以外的各种文件资料与信息。

(2)审查承包人的延期申请。

(3)延期评估。

(4)收到评估人员提出的审查报告,审查结论;最终评出延期天数,并与建设单位协商一致后,签发《工程延期审批表》。

**表3.5　工程延期申请表**

编号:______

<table>
<tr><td>工程名称</td><td></td><td>日期</td><td></td></tr>
<tr><td colspan="4">致______________(监理单位):<br>根据合同条款______条的规定,由于______________的原因,申请工程延期,请批准。<br>工程延期的依据及工期计算:<br><br><br><br><br>合同竣工日期:<br>申请延长竣工日期:<br>附:证明材料<br><br>承包单位名称:　　　　项目经理(签字):</td></tr>
</table>

注:本表由承包单位填报,建设单位、监理单位、承包单位各存一份。

## ◆不合格项处置记录

### 1. 不合格项处置记录表格

不合格项处置记录表格样式,见表3.6。

**表3.6 不合格项处置记录**

编号:______

| 工程名称 | | 发生/发现日期 | |
|---|---|---|---|

不合格项发生部位与原因:

致(单位):

由于以下情况的发生,使你单位在________发生严重□/一般□不合格项,请及时采取措施予以整改。

具体情况:

□自行整改

□整改后报我方验收

签发单位名称 签发人(签字) 日期

---

不合格项改正措施:

整改限期:

整改责任人(签字):

单位责任人(签字):

---

不合格项整改结果:

致:__________(签发单位):

根据你方提示,我方已完成整改,请予以验收。

单位负责人(签字): 日期:

---

整改结论: □同意验收 □________

□继续整改 □________

验收单位名称: 验收人(签字): 日期:

---

注:本表由下达方填写,整改方填报整改结果,双方各存一份。

### 2. 不合格项处置记录填表说明

(1)监理工程师在隐蔽工程验收和工序验收中,针对不合格的工程应填写《不合格项处置记录》。

(2)本表由下达方填写,整改后填报整改结果,本表也适用于监理单位对项目监理部的考核工作。

(3)"使你单位在________发生"栏填写不合格项发生的具体部位。

(4)“发生严重□/一般□不合格项”栏根据不合格项的情况来判定其性质,当发生严重不合格项时,在“严重”选择框处打“√”;当发生一般不合格项时,在“一般”选择框处打“√”。

(5)“具体情况”栏由监理单位签发人填写不合格项的具体内容,并在“自行整改”或“整改后报我方验收”选择框处打“√”。

(6)“签发单位名称”栏应填写监理单位名称。

(7)“签发人”栏应填写签发该表的监理工程师或总监理工程师。

(8)“不合格项改正措施”栏由整改方填写具体的整改措施内容。

(9)“整改期限”栏指整改方要求不合格项整改完成的时间。

(10)“整改责任人”栏为一般不合格项所在工序的施工负责人。

(11)“单位负责人”栏为整改责任人所在单位或部门负责人。

(12)“不合格项整改结果”栏填写整改完成的结果,并向签发单位提出验收申请。

(13)“整改结论”栏根据不合格项整改验收情况由监理工程师填写。

(14)“验收单位名称”为签发单位,即监理单位。

(15)“验收人”栏为签发人,即监理工程师或总监理工程师。

## ◆工程暂停令

总监理工程师对施工中需要加固补强的质量问题,应签发《工程暂停令》(表3.7),责成施工单位填写质量问题调查报告,设计单位提供处理方案,并征得建设单位的同意后,批复承包单位处理,问题处理后应重新进行验收。

**表3.7 工程暂停令**

编号:______

| 工程名称 | | 日期 | |
| --- | --- | --- | --- |
| 致______(承包单位):<br>由于______原因,现通知你方必须于____年____月____日时起,对本工程的______部位(工序)实施暂停施工,并按下述要求做好各项工作。<br><br>监理单位名称: 总监理工程师(签字): | | | |

注:本表由下达方填写,建设单位、承包单位各存一份。

# 【实 务】

## ◆施工测量放线报审表填写范例

施工测量放线报审表填写范例,见表3.8。

**表3.8 施工测量放线报审表**

编号:×××

| 工程名称 | ××市××隧道工程 | 日期 | 2010-08-20 |
|---|---|---|---|

致×××监理公司(监理单位):

我方已完成(内容)××市××隧道工程的测量放线,经自检合格,请予查验。

附件:1. □放线的依据材料 1 页

2. □放线成果表 4 页

测量员(签字):王×× 岗位证书号:××××××××

查验人(签字):李×× 岗位证书号:××××××××

承包单位名称:××市政工程公司 技术负责人(签字):×××

查验结果:

经审查,符合工程施工图的设计要求,达到了《建筑工程施工测量技术规程》(DB11/T 446—2007)的精度要求。

查验结论: ☑合格 □纠错后重报

监理单位名称:×××监理公司 监理工程师(签字):李×× 日期:2010-08-21

注:本表由承包单位填报,建设单位、监理单位、承包单位各存一份。

## ◆工程动工报审表填写范例

工程动工报审表填写范例,见表3.9。

**表3.9　工程动工报审表**

编号:×××

| 工程名称 | ××市××隧道工程 | 日期 | 2010-03-25 |
|---|---|---|---|

致×××监理公司(监理单位):

根据合同约定,建设单位已取得主管单位审批的施工许可证,我方也完成了开工前的各项准备工作,计划于2010年3月28日开工,请审批。

已完成报审的条件有:

1. ☑建设工程施工许可证(复印件)
2. ☑施工组织设计(含主要管理人员和特殊工种资格证明)
3. ☑施工测量放线
4. ☑主要人员、材料、设备进场
5. ☑施工现场道路、水、电、通信等已达到开工条件
6. □

承包单位名称:××市政工程公司　　项目经理(签字):王××

审查意见:

经查《建设工程施工许可证》已办理。施工现场主要管理人员和特殊工种人员资格证、上岗证符合要求,施工组织设计已批准。主要人员已进场,部分材料已进场,施工现场道路、水、电、通信已达到开工条件。

综上所述,工程已符合开工条件,同意开工。

监理工程师(签字):赵××　　日期:2010-03-26

审查结论:☑同意　　□不同意

监理单位名称:××监理公司　　总监理工程师(签字):徐××　　日期:2010-03-26

注:本表由承包单位填报,建设单位、监理单位、承包单位各存一份。

# 3.4　工程造价控制资料

## 【基　础】

### ◆工程款支付申请表

**1. 工程款支付申请表样式**

工程款支付申请表样式，见表 3.10。

**表 3.10　工程款支付申请表**

工程名称：________　　　　　　　　　　　　　　　　编号：______

致：________________(监理单位)

我方已完成了__________工作。按施工合同的规定，建设单位应在_____年_____月_____日前支付该项工程款共(大写)________________(小写：________)，现报上工程付款申请表，请予以审查并开具工程款支付证书。

附件：

1. 工程量清单
2. 计算方法

承包单位名称：　　　　　　　　项目经理(签字)：

注：本表由承包单位填报，监理单位、承包单位各存一份。

**2. 工程款支付申请表填表说明**

(1)承包单位根据施工合同中工程款中的支付约定，向项目监理机构申请开具工程款支付证书。

(2)申请支付工程款金额包括合同内工程款、工程变更增减费用、批准的索赔费用，扣除应扣预付款、保留金以及施工合同中约定的其他费用。

(3)“我方已完成了__________工作”：填写经专业监理工程师验收合格的工程。若为定期支付进度款，则填写本支付期内经专业监理工程师验收合格工程的工作量。

(4)工程量清单指本次付款申请中，经专业监理工程师验收合格工程的工程量清单统计报表。

(5)计算方法指以专业监理工程师签认的工程量按施工合同约定采用的有关定额(或其他计价方法的单价)的工程价款计算。

(6)根据施工合同约定，需建设单位支付工程预付款，也可采用此表向监理机构申请支付。

(7)工程款申请中如有其他和付款有关的证明文件和资料时，需附有相关证明资料。

## ◆工程款支付证书

### 1. 工程款支付证书样式

工程款支付证书样式，见表3.11。

**表3.11 工程款支付证书**

工程名称：________ 编号：______

致：________________（承包单位）

根据施工合同规定，经审核承包单位的付款申请和报表，并扣除有关款项，同意本期支付工程款共（大写）________________（小写：________________），请按合同规定及时付款。

其中：

1. 承包单位申报款为：________
2. 经审核承包单位应得款为：________
3. 本期应扣款为：________
4. 本期应付款为：________

附件：

1. 承包单位的工程付款申请表及附件
2. 项目监理机构审查记录

监理单位名称： 总监理工程师（签字）：

注：本表由承包单位填报，监理单位、承包单位各存一份。

### 2. 工程款支付证书填表说明

(1)《工程款支付证书》是项目监理机构在收到承包单位的《工程款支付申请表》后，依据施工合同和有关规定审查复核后签署的、应向承包单位支付工程款的证明文件。

(2) 建设单位指建筑施工合同中的发包人。

(3) 承包单位申报款指承包单位向监理机构申报《工程款支付申请表》中申报的工程款额。

(4) 经审核承包单位应得款指经专业监理工程师对承包单位向监理机构申报《工程款支付申请表》审核后核定的工程款额，其包括合同内工程款、工程变更增减费用、经批准的索赔费用等。

(5) 本期应扣款指施工合同约定本期应扣除的预付款、保留金以及其他应扣除的工程款的总和。

(6) 本期应付款指经审核承包单位应得款额减本期应扣款额的余额。

(7) 承包单位的工程付款申请表及附件指承包单位向监理机构申报的《工程款支付申请表》及其附件。

(8) 项目监理机构审查记录指总监理工程师指定专业监理工程师，对承包单位向监理机构申报的《工程款支付申请表》及其附件的审查记录。

(9) 总监理工程师指定专业监理工程师对工程款支付申请中包括合同内工作量、工程变更增减费用、经批准的费用索赔、应扣除的预付款、保留金以及施工合同约定的其他支付费用等项目逐项审核，并填写审查记录，提出审查意见报总监理工程师审核签认。

## ◆费用索赔申请表

### 1. 费用索赔申请表样式

费用索赔申请表样式，见表3.12。

**表3.12　费用索赔申请表**

工程名称：__________　　编号：______

致：____________________(监理单位)

根据施工合同第________条规定，由于______________________________原因，我方要求索赔金额共计：人民币(大写)______________________________元，请批准。

索赔的详细理由即经过：

索赔金额的计算：

附：证明材料

承包单位名称：　　项目经理(签字)：

注：本表由承包单位填报，建设单位、监理单位、承包单位各存一份。

### 2. 费用索赔申请表填表说明

(1)《费用索赔申请表》是承包单位向建设单位提出的费用索赔，报项目监理机构审查、确认和批复。

(2)“根据合同条款________条的规定”，填写提出费用索赔所依据的施工合同条目。

(3)“由于________的原因”，填写导致费用索赔的事件。

(4)索赔的详细理由及经过：指索赔事件造成承包单位的直接经济损失，索赔事件是因非承包单位的责任发生等情况的详细理由及事件经过。

(5)索赔金额计算指索赔金额计算书，索赔的费用内容通常包括人工费、设备费、材料费、管理费等。

(6)证明材料指上述两项所需要的各种材料证明，包括合同文件、监理工程师批准的施工进度计划、合同履行过程中的来往函件、施工现场记录、工地会议纪要、工程照片、监理工程师发布的各种书面指令、工程进度款支付凭证、检查的试验记录、汇率变化表、各类财务凭证以及其他有关资料。

**3. 费用索赔的报审程序**

费用索赔的报审程序,如图 3.2 所示。

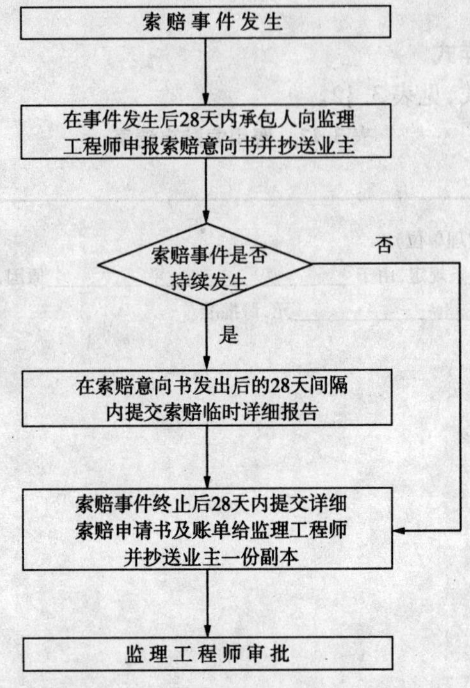


图 3.2 费用索赔的报审程序

## ◆费用索赔审批表

**1. 费用索赔审批表样式**

费用索赔审批表样式,见表 3.13。

**表 3.13 费用索赔审批表**

工程名称:__________ 编号:______

致:__________(承包单位)

根据施工合同条款________条的规定,你方提出的第(________)号关于________________费用索赔申请,索赔金额共计人民币(大写)__________________(小写:__________________),经我方审核评估:

□不同意此项索赔

□同意此项索赔,金额为(大写)

理由:

索赔金额的计算:

监理工程师(签字):

监理单位名称: 总监理工程师(签字):

注:本表由监理单位签发,建设单位、监理单位、承包单位各存一份。

**2. 费用索赔审批表填表说明**

(1)总监理工程师宜在施工合同约定的期限内签发《费用索赔报审表》,或签发要求承包单位提交有关费用索赔的进一步详细资料的通知。

(2)“根据施工合同条款________条的规定”,填写提出费用索赔所依据的施工合同条目。

(3)“你方提出的________费用索赔申请”,填写导致费用索赔的事件。

(4)审查意见。首先,专业监理工程师应审查在索赔事件发生后,承包单位是否在施工合同规定的期限内(28 天)向专业监理工程师递交过索赔意向通知,若超过此期限,专业监理工程师和建设单位有权拒绝索赔要求;其次,审核承包单位的索赔条件是否成立;第三,审核承包单位报送的《费用索赔申请表》,包括索赔的详细理由及经过,索赔金额的计算及证明材料;若不满足索赔条件,专业监理工程师则在“不同意此项索赔”前“□”内打“√”;若符合条件,专业监理工程师就初定的索赔金额向总监理工程师报告,由总监理工程师分别与承包单位和建设单位进行协商,达成一致,或监理工程师公正自主决定之后,在“同意此项索赔”前“□”内打“√”,并把确定金额写明。若承包人不同意监理工程师的决定,则按合同中的仲裁条款提交仲裁机构仲裁。

(5)同意/不同意索赔的理由。同意索赔的理由需简要列明;对不同意索赔,或虽同意索赔但其中有不合理的部分,若有下列情况,则需简要说明。

1)索赔事项不属于建设单位或监理工程师的责任,而是第三方的责任。

2)建设单位和承包单位共同负有责任,承包单位应划分和证明双方责任大小。

3)事实依据不足。

4)施工合同依据不足。

5)承包单位未遵守意向通知要求。

6)施工合同中的开脱责任条款已免除了建设单位的补偿责任。

7)承包单位已放弃索赔要求。

8)承包单位没有采取适当的措施避免或减少损失。

9)承包单位必须提供进一步证据。

10)损失计算夸大。

(6)索赔金额的计算,指专业监理工程师对批准的费用索赔金额的计算过程及方法。

## 【实　务】

### ◆工程款支付申请表填写范例

工程款支付申请表填写范例,见表 3.14。

**表 3.14　工程款支付申请表**

工程名称：× ×市× ×路道路工程　　　　编号：× × ×

致：× ×监理公司（监理单位）

我方已完成了× ×市× ×路道路工程 工作。按施工合同规定，建设单位应在 2009 年 9 月 30 日前支付该项工程款共（大写）叁佰壹拾贰万壹仟伍佰元整，（小写：3 121 500），现报上工程付款申请表，请予以审查并开具工程款支付证书。

附件：

1. 工程量清单
2. 计算方法

承包单位名称：× ×市政工程公司　　　　项目经理（签字）：赵× ×

注：本表由承包单位填报，监理单位、承包单位各存一份。

## ◆费用索赔审批表填写范例

费用索赔审批表填写范例，见表 3.15。

**表 3.15　费用索赔审批表**

工程名称：× ×市× ×道路工程　　　　编号：× × ×

致：× × ×市政工程公司（承包单位）

根据施工合同条款 11 条的规定，你方提出的因工程变更增加额外费用索赔申请（第× × ×号），索赔（大写）壹万捌仟柒佰伍拾元整（小写：18 750），经我方审核评估：

□不同意此项索赔

☑同意此项索赔，金额为（大写）：壹万捌仟柒佰伍拾元整

同意/不同意索赔的理由：

①费用索赔属于非承包方的原因

②费用索赔的情况属实

索赔金额的计算：

①同意工程设计变更增加的合同外的施工项目的费用

②工程延期 3 天，增加管理费 2 100 元

项目监理机构　× ×监理公司

总监理工程师张× ×

日期　2010 年 3 月 21 日

注：本表由监理单位签发，建设单位、监理单位、承包单位各存一份。

# 第 4 章 市政工程施工管理资料

## 4.1 工程概况表

### 【基 础】

### ◆工程概况表样式

工程概况表样式，见表 4.1。

表 4.1 工程概况表

<table>
<tr><td colspan="2">工程名称</td><td></td><td>编号</td><td></td></tr>
<tr><td colspan="2">建设地点</td><td></td><td>工程造价/万元</td><td></td></tr>
<tr><td colspan="2">开工日期</td><td>年 月 日</td><td>计划竣工日期</td><td>年 月 日</td></tr>
<tr><td colspan="2">施工许可证号</td><td></td><td>监管注册号</td><td></td></tr>
<tr><td colspan="2">建设单位</td><td></td><td>勘察单位</td><td></td></tr>
<tr><td colspan="2">设计单位</td><td></td><td>监理单位</td><td></td></tr>
<tr><td colspan="2">监督单位</td><td></td><td>工程分类</td><td></td></tr>
<tr><td rowspan="3">施工单位</td><td>名称</td><td></td><td>单位负责人</td><td></td></tr>
<tr><td>工程项目经理</td><td></td><td>项目技术负责人</td><td></td></tr>
<tr><td>现场管理负责人</td><td colspan="3"></td></tr>
<tr><td colspan="2">工程内容</td><td colspan="3"></td></tr>
<tr><td colspan="2">结构类型</td><td colspan="3"></td></tr>
<tr><td colspan="2">主要工程量</td><td colspan="3"></td></tr>
<tr><td colspan="2">主要施工工艺</td><td colspan="3"></td></tr>
<tr><td colspan="2">其他</td><td colspan="3"></td></tr>
</table>

注：本表由施工单位填写并保存。

### ◆工程概况表填表说明

工程概况表宜在施工之前填写。在其他栏中可以填写本工程的关键工序或一些特殊要求，还可填写采用的新材料、新工艺、新产品、新设备等，其主要是依照施工合同、施工图纸的有关内容填写。

# 【实　务】

## ◆工程概况表:城市管(隧)道工程填写范例

城市管(隧)道工程概况表填写范例,见表4.2。

表4.2　工程概况表

<table>
<tr><td colspan="2">工程名称</td><td>××市××路道路工程</td><td>编号</td><td>×××</td></tr>
<tr><td colspan="2">建设地点</td><td>××市××区××路××号</td><td>工程造价/万元</td><td>3 800</td></tr>
<tr><td colspan="2">开工日期</td><td>2009年3月1日</td><td>计划竣工日期</td><td>2009年12月1日</td></tr>
<tr><td colspan="2">施工许可证号</td><td>×××</td><td>监管注册号</td><td>×××</td></tr>
<tr><td colspan="2">建设单位</td><td>××市政工程管理局</td><td>勘察单位</td><td>××市地质勘察院</td></tr>
<tr><td colspan="2">设计单位</td><td>××市政工程设计研究院</td><td>监理单位</td><td>××监理公司</td></tr>
<tr><td colspan="2">监督单位</td><td>××市政质量监督站</td><td>工程分类</td><td>道路工程</td></tr>
<tr><td rowspan="3">施工单位</td><td>名称</td><td>××市政工程有限公司</td><td>单位负责人</td><td>×××</td></tr>
<tr><td>工程项目经理</td><td>×××</td><td>项目技术负责人</td><td>×××</td></tr>
<tr><td>现场管理负责人</td><td colspan="3">×××</td></tr>
<tr><td colspan="2">工程内容</td><td colspan="3">××道路长691.5 m,路幅宽18 m,其中车行道12 m,人行道两边各3 m,不设平曲线和竖曲线,全长共有支路交叉点三处</td></tr>
<tr><td colspan="2">结构类型</td><td colspan="3">快车道:20 cm C30水泥混凝土,20 cm二灰碎石,30 cm 12%石灰土;<br>人行道:5 cm 3.5MPa混凝土道板,4 cm C15素混凝土,15 cm 10%灰土</td></tr>
<tr><td colspan="2">主要工程量</td><td colspan="3">水泥混凝土C30:8 630 m³　　二灰碎石:2 650 m<br>素混凝土C15:6 230 m³　　混凝土道板:2 250 m²<br>石灰土:16 050 t</td></tr>
<tr><td colspan="2">主要施工工艺</td><td colspan="3">首先进行路床施工,然后进行12%灰土垫层,铺20 cm厚二灰碎石压实,最后进行混凝土路面浇筑施工</td></tr>
<tr><td colspan="2">其他</td><td colspan="3"></td></tr>
</table>

注:本表由施工单位填写并保存。

# 4.2 项目大事记

## 【基　础】

### ◆项目大事记表格样式

项目大事记表格样式,见表4.3。

**表4.3　项目大事记**

编号:________

| 工程名称 | | | | |
|---|---|---|---|---|
| 施工单位 | | | | |
| 序号 | 年 | 月 | 日 | 内　容 |
| | | | | |
| | | | | |
| | | | | |
| | | | | |
| | | | | |
| | | | | |
| | | | | |
| | | | | |
| | | | | |
| | | | | |
| | | | | |
| | | | | |
| | | | | |
| | | | | |
| 工程负责人 | | 整理人 | | |

注:本表由施工单位填写,建设单位、施工单位、城建档案馆各保存一份,向城建档案馆报送、组卷。

### ◆项目大事记填表说明

项目大事记的内容主要包括开、竣工日期,中间验收及关键部位的验收日期,质量、安全事故,获得的荣誉,重要会议,分承包工程招投标、合同签署,上级及专业部门检查、指示等情况的简述。

## 【实　务】

### ◆项目大事记填写范例

项目大事记填写范例,见表4.4。

**表4.4　项目大事记**

编号:×××

| 工程名称 | ××市××道路工程 | | | |
|---|---|---|---|---|
| 施工单位 | ××市政工程公司 | | | |
| 序号 | 年 | 月 | 日 | 内　　容 |
| 1 | 2010 | 7 | 4 | ××路正式开工,各单位领导人参加了开工典礼 |
| 2 | 2010 | 8 | 15 | 路基、路床施工完毕,监理验收合格 |
| | | | | |
| | | | | |
| | | | | |
| | | | | |
| | | | | |
| | | | | |
| | | | | |
| | | | | |
| | | | | |
| | | | | |
| | | | | |
| | | | | |
| 工程负责人 | 张×× | 整理人 | 王×× | |

注:本表由施工单位填写,建设单位、施工单位、城建档案馆各保存一份,向城建档案馆报送、组卷。

## 4.3　施工日志

## 【基　础】

### ◆施工日志表格样式

施工日志表格样式,见表4.5。

表4.5　施工日志

编号:______

| 工程名称 | | | | |
|---|---|---|---|---|
| 施工单位 | | | | |
| | 天气状况 | 风力/级 | 大气温度/℃ | 日平均温度/℃ |
| 白天 | | | | |
| 夜间 | | | | |

生产情况记录(施工生产的调度、存在的问题及处理情况;安全生产和文明施工活动及存在问题等):

技术质量工作记录(技术质量活动、存在问题、处理情况等):

| 项目负责人 | | 填写人 | | 日期 | 年　月　日　星期 |
|---|---|---|---|---|---|

注:本表由施工单位填写并保存。

## ◆施工日志填表说明

施工日志是以工程施工过程为记载对象,记载内容一般为生产情况的记录。其包含施工生产的调度、存在问题及处理情况,安全生产、文明施工活动及存在问题,技术质量工作记录,技术质量活动、存在问题、处理情况等内容。由项目负责人或指派专人从工程开始施工到工程竣工验收合格,逐日进行记载,记载内容应连续、完整。

施工日记要有针对性,与工程施工有关的事情要记载清楚,且还要有事情的经过和事情发生的程度、解决的办法、建议、意见、处理的措施和结果等,尤其是牵涉到工程施工中的技术、质量、安全及经济有关的事需详细记录到天气情况、参加人员、会谈地点,且要有参加人员的签字认可。若工程施工期间内有间断,应在日志中加以说明,可在停工最后一天或复工第一天描述。认真写好每天的施工日记对工程技术人员很有帮助,因为施工日记是积累施工经验、发现工程问题、创造新认识的源头。

# 【实　务】

## ◆施工日志填写范例

施工日志填写范例,见表4.6。

表4.6 施工日志

编号：×××

| 工程名称 | ××市××道路工程 | | | |
|---|---|---|---|---|
| 施工单位 | ××市政工程公司 | | | |
| | 天气状况 | 风力/级 | 大气温度/℃ | 日平均温度/℃ |
| 白天 | 晴 | 2~3 | 20 | 15 |
| 夜间 | 晴 | 3~4 | 10 | |

生产情况记录(施工生产的调度、存在的问题及处理情况；安全生产和文明施工活动及存在问题等)：

施工作业人员40人，碾压基层设备2台

技术质量工作记录(技术质量活动、存在问题、处理情况等)：

技术员提供设计变更单1张

内容：树池尺寸由原设计1.3 m×1.3 m改成1.5 m×1.5 m，间距不变

| 项目负责人 | ××× | 填写人 | ××× | 日期 | 2010年9月13日 星期日 |
|---|---|---|---|---|---|

注：本表由施工单位填写并保存。

# 4.4 工程质量事故资料

## 【基 础】

### ◆工程质量事故记录表格样式

#### 1. 工程质量事故记录

工程质量事故记录表格样式见表4.7。

表4.7 工程质量事故记录

编号：______

| 工程名称 | | 建设地点 | |
|---|---|---|---|
| 建设单位 | | 设计单位 | |
| 监理单位 | | 施工单位 | |
| 主要工程量 | | 事故发生时间 | 年 月 日 时 |
| 预计经济损失/万元 | | 报告时间 | 年 月 日 时 |
| 质量事故概况： | | | |
| 质量事故原因初步分析： | | | |
| 质量事故发生后拟采取的处理措施： | | | |
| 项目负责人 | | 记录人 | |

注：本表由施工单位填写，城建档案馆、建设单位、监理单位、施工单位保存，向城建档案馆报送、组卷。

### 2. 工程质量事故调(勘)查记录

工程质量事故调(勘)查记录表格样式,见表4.8。

**表4.8　工程质量事故调(勘)查记录**

编号:______

<table>
<tr><td>工程名称</td><td colspan="3"></td><td>日期</td><td>年　月　日</td></tr>
<tr><td>调(勘)查时间</td><td colspan="5">年　月　日　时　分至　年　月　日　时　分</td></tr>
<tr><td>调(勘)查地点</td><td colspan="5"></td></tr>
<tr><td>参加人员</td><td>单位名称</td><td>姓名(签字)</td><td colspan="2">职务</td><td>电话</td></tr>
<tr><td rowspan="4">调(勘)查人员</td><td></td><td></td><td colspan="2"></td><td></td></tr>
<tr><td></td><td></td><td colspan="2"></td><td></td></tr>
<tr><td></td><td></td><td colspan="2"></td><td></td></tr>
<tr><td></td><td></td><td colspan="2"></td><td></td></tr>
<tr><td>调(勘)查笔录</td><td colspan="5"></td></tr>
<tr><td>现场证物照片</td><td colspan="5">□有　□无　共　张　共　页</td></tr>
<tr><td>事故证据资料</td><td colspan="5">□有　□无　共　张　共　页</td></tr>
<tr><td>调(勘)查负责人(签字)</td><td></td><td colspan="3">被调查单位负责人(签字)</td><td></td></tr>
</table>

注:本表由施工单位填写,城建档案馆、建设单位、施工单位保存(笔录可另附页),向城建档案馆报送、组卷。

### 3. 工程质量事故处理记录

工程质量事故处理记录表格样式见表4.9。

**表4.9　工程质量事故处理记录**

编号:______

<table>
<tr><td>工程名称</td><td colspan="5"></td></tr>
<tr><td>施工单位</td><td colspan="5"></td></tr>
<tr><td>事故处理编号</td><td colspan="2"></td><td colspan="2">经济损失/万元</td><td></td></tr>
<tr><td>事故处理情况</td><td colspan="5"></td></tr>
<tr><td>事故造成永久缺陷情况</td><td colspan="5"></td></tr>
<tr><td>事故责任分析</td><td colspan="5"></td></tr>
<tr><td>对事故责任者的处理</td><td colspan="5"></td></tr>
<tr><td>调查负责人</td><td></td><td>填表人</td><td></td><td>填表日期</td><td>年　月　日</td></tr>
</table>

注:本表由事故处理单位填写,城建档案馆、建设单位、监理单位、施工单位保存,向城建档案馆报送、组卷。

## ◆工程质量事故记录填表说明

凡工程发生重大质量事故,施工单位应在规定时间内向监理、建设及上级主管部门报告,并填写《工程质量事故记录》。建设、监理单位应及时组织质量事故的调(勘)察,事故调查组由三人以上组成,调查情况需进行笔录,并填写《工程质量事故调(勘)察记录》;施工单位要严肃对待发生的质量事故并及时进行处理,处理后填写《工程质量事故处理记录》,并呈报调查组核查。

表中预计经济损失是指因质量事故进行返工、加固等实际损失的金额,包括人工费、材料费、机械费和一定数额的管理费;质量事故概况包括倒塌情况(整体倒塌或局部倒塌的部位)、损失情况(伤亡人数、损失程度、倒塌面积等);质量事故原因包括设计原因(计算错误、构造不合理等)、施工原因(材料、预制构配件或设备质量低劣等)以及不可抗力等;处理意见包括现场处理情况、设计和施工技术措施、对主要责任人的处理结果。其中,关于质量事故的技术处理尤为重要,必须遵守以下原则。

(1)必须查清工程(产品)质量事故的部位、原因,必要时可委托法定工程质量检测单位进行质量鉴定或请专家论证。

(2)必须依据充分、可靠、可行的原则提供技术处理方案,确保结构安全和使用功能。

(3)技术处理的方案,应委托原设计单位提出;若由其他单位提供技术处理方案,则需经原设计单位同意并签认。设计单位在提供技术处理方案时,需征求建设单位的意见。

(4)施工企业必须依据技术处理方案的要求,制定出可行的技术处理施工措施,并做好原始记录。

(5)技术处理过程中的关键部位工序应会同建设单位(设计单位)进行检查认可。技术处理完工后应组织验收,并将有关技术资料纳入工程档案。

## ◆工程质量事故分类

依据建设部令的规定,工程质量事故按满足任一构成事故条件划分,见表4.10。

**表4.10 工程质量事故分类**

| 事故分类 | | 构成事故条件 |
|---|---|---|
| 重大质量事故 | 一级重大事故 | 1. 死亡30人以上<br>2. 直接经济损失300万元以上 |
| | 二级重大事故 | 1. 死亡10人以上,29人以下<br>2. 直接经济损失100万元以上,不满300万元 |
| | 三级重大事故 | 1. 死亡3人以上,9人以下<br>2. 重伤20人以上<br>3. 直接经济损失30万以上,不满100万元 |
| | 四级重大事故 | 1. 死亡2人以下<br>2. 重伤3人以上,19人以下<br>3. 直接经济损失10万元以上,不满30万元 |
| 严重质量事故 | | 1. 直接经济损失在5万元及以上,不满10万元<br>2. 严重影响使用功能或工程结构安全,存在重大质量隐患<br>3. 事故性质恶劣造成2人以下重伤 |
| 一般质量事故 | | 1. 直接经济损失在1万元及以上,不满5万元<br>2. 影响使用功能和工程结构安全,造成永久性质量缺陷 |

# 【实　务】

## ◆工程质量事故记录填写范例

工程质量事故记录填写范例,见表 4.11。

**表 4.11　工程质量事故记录**

编号:×××

| 工程名称 | ××市××道路工程 | 建设地点 | ××市××路 |
|---|---|---|---|
| 建设单位 | ××开发公司 | 设计单位 | ××设计研究院 |
| 监理单位 | ××监理公司 | 施工单位 | ××市政工程公司 |
| 主要工程量 | 60 $m^3$ 混凝土 | 事故发生时间 | 2010 年 1 月 24 日 14 时 |
| 预计经济损失/万元 | 1.2 万元 | 报告时间 | 2010 年 1 月 24 日 16 时 |
| 质量事故概况:<br>2010 年 1 月 24 日,在××路混凝土路面施工时,因未及时覆盖、气温过低,使混凝土路面的混凝土受冻 | | | |
| 质量事故原因初步分析:<br>气温低,施工后覆盖不及时 | | | |
| 质量事故发生后拟采取的处理措施:<br>将受冻部位进行返工处理,重新浇筑混凝土 | | | |
| 项目负责人 | 王×× | 记录人 | 赵×× |

注:本表由施工单位填写,城建档案馆、建设单位、监理单位、施工单位保存,向城建档案馆报送、组卷。

## ◆工程质量事故处理记录填写范例

工程质量事故处理记录填写范例,见表 4.12。

**表 4.12　工程质量事故处理记录**

编号:×××

| 工程名称 | ××市××道路工程 | | | | |
|---|---|---|---|---|---|
| 施工单位 | ××市政工程公司 | | | | |
| 事故处理编号 | 001 | | 经济损失/万元 | 1.2 万元 | |
| 事故处理情况 | 对受冻混凝土进行处理、重新浇筑混凝土,不留下任何隐患,处理完毕后重新组织验收 | | | | |
| 事故造成永久缺陷情况 | | | | | |
| 事故责任分析 | 混凝土施工负责人责任心不强,缺乏质量意识 | | | | |
| 对事故责任者的处理 | 对施工负责人向××进行质量意识教育,并给予适当的经济处罚 | | | | |
| 调查负责人 | 张×× | 填表人 | 黄×× | 填表日期 | 2010 年 1 月 25 日 |

注:本表由事故处理单位填写,城建档案馆、建设单位、监理单位、施工单位保存,向城建档案馆报送、组卷。

# 第5章　市政工程施工技术资料

## 5.1　施工组织设计审批表

### 【基　础】

### ◆施工组织设计审批表表格样式

施工组织设计审批表表格样式，见表5.1。

**表5.1　施工组织设计审批表**

编号：______

<table>
<tr><td colspan="2">工程名称</td><td colspan="3"></td></tr>
<tr><td colspan="2">施工单位</td><td colspan="3"></td></tr>
<tr><td colspan="2">编制单位(章)</td><td></td><td>编制人</td><td></td></tr>
<tr><td rowspan="4">有关部门会签意见</td><td></td><td colspan="3">签字：　　年　月　日</td></tr>
<tr><td></td><td colspan="3">签字：　　年　月　日</td></tr>
<tr><td></td><td colspan="3">签字：　　年　月　日</td></tr>
<tr><td></td><td colspan="3">签字：　　年　月　日</td></tr>
<tr><td colspan="2">主管部门审核意见</td><td colspan="3">负责人签字：　　年　月　日</td></tr>
<tr><td colspan="2">审批结论</td><td colspan="2">审批人签字：　　年　月　日</td><td>审批单位(章)</td></tr>
</table>

注：本表供施工单位内部审批使用，并作为向监理单位报审的依据，由施工单位保存。

### ◆施工组织设计审批表基本内容和编制方法

(1)工程概况的具体内容。

1)工程特点。

2)建设地点特征,包括位置、气温、冬雨季时间、主导风向、风力以及地震烈度,依据勘察资料对地形地貌、工程地质和地下水位等进行简述。

3)施工条件,包括三通一平情况、材料及预制加工品的供应情况,施工单位的机械、运输、劳动力和项目部的管理情况。

(2)施工平面图的具体内容。

施工平面图用1:200~1:500的比例绘制,其内容如下。

1)地上一切建筑物、构筑物及地下管线。

2)测量放线标桩、地形等高线、土方取弃场地。

3)起重机轨道和运行路线。

4)材料、加工半成品、构件和机具堆场。

5)生产、生活用临时设施。

6)安全、防火设施。

(3)施工部署及计划,包括施工流向与程序、施工段划分、施工方法和机械的选择。其中施工程序的确定应遵守“先地下,后地上”“先主体,后围护”“先结构,后装修”的原则,施工流向以施工顺序确定。

(4)施工进度计划及施工计划网络图,包括:施工项目的划分、工程量及项目持续时间、确定施工的顺序、组织流水作业、编制施工进度计划表以及施工网络计划图。

(5)各种工、料、机、运计划表,包括劳动力配置、材料、构件和加工半成品、施工机具、运输量。

(6)施工组织设计还应编写安全、文明施工,环保以及节能、降耗措施。施工方案是施工组织设计的核心内容,是工程施工技术的指导文件。大型道路、桥梁结构、厂(场)站、大型设备工程的施工方案直接关系着工程结构的质量和耐久性,方案必须按照相关规程由相应的主管技术负责人组织编制,重大工程施工方案的编制则应经过专家论证或方案研讨。

施工组织设计(项目管理规划)由施工单位编写并保存。

施工组织设计填写《施工组织设计审批表》,经施工单位有关部门会签、主管部门归纳汇总。签署意见后,报业主或监理人员进行审批,并签署审查意见。审批内容包括内容完整性、施工指导性、技术先进性、经济合理性、实施可行性等方面,各相关部门根据职责把关;审批人签署审查结论、盖章。在施工过程中,若有较大的施工措施或方案变动,还应有变动审批手续。

## 【实　务】

### ◆施工组织设计审批表填写范例

施工组织设计审批表填写范例,见表5.2。

**表5.2 施工组织设计审批表**

编号:×××

| 工程名称 | | ××市××桥梁工程 | | |
|---|---|---|---|---|
| 施工单位 | | ××市政工程公司 | | |
| 编制单位(章) | | | 编制人 | 吴×× |
| 有关部门会签意见 | 技术科 | 技术上可行,能按计划实现 | 签字:徐×× | 2010年9月20日 |
| | 材料、设备科 | 同意,设备材料可按计划实现 | 签字:王×× | 2010年9月20日 |
| | 质量安全科 | 质量目标能实现,安全有保障 | 签字:杜×× | 2010年9月20日 |
| | 经营科 | 同意 | 签字:许×× | 2010年9月20日 |
| 主管部门审核意见 | | 同意本施工组织设计<br>负责人签字: 年 月 日 | | |
| 审批结论 | | 同意<br>审批人签字:××× 2010年9月20日 | 审批单位(章) | |

注:本表供施工单位内部审批使用,并作为向监理单位报审的依据,由施工单位保存。

## 5.2 图纸审查记录、设计交底记录

### 【基 础】

#### ◆图纸审查记录

工程开工前需组织图纸会审,由承包工程的技术负责人组织施工、技术等有关人员对施工图进行全面学习、审查,并做《图纸审查记录》。

图纸审查记录表格的样式,见表5.3。

表 5.3　图纸审查记录

编号：______

<table>
<tr><td colspan="2">工程名称</td><td colspan="3"></td></tr>
<tr><td colspan="2">施工单位</td><td></td><td>技术负责人</td><td></td></tr>
<tr><td colspan="2">审查日期</td><td>年　月　日</td><td colspan="2">共　页　第　页</td></tr>
<tr><td rowspan="2">提出问题及修改建议</td><td>序号</td><td colspan="3">内容</td></tr>
<tr><td></td><td colspan="3"></td></tr>
</table>

注：由施工单位整理、汇总设计图纸中的问题，向有关单位报送，由施工单位保存。

施工单位收到经审查批准的施工图设计文件之后，应留一份作为绘制竣工图的依据；留一份给项目经理部技术负责人，供其全面、仔细地审阅；其余各份交给施工管理人员、施工图设计文件中相关工种的班组长，让他们熟悉各自工程图纸的内容，并对设计文件中达不到国家设计规定及其他问题做好记录。

项目经理部技术负责人在充分熟悉施工图设计文件之后，既要准备编制施工组织设计，又要召开各项目部熟悉施工图设计文件的人员开会，对设计文件共同会审，提出问题和修改意见，并做好记录。将图纸审查中的问题整理、汇总、报监理（建设）单位，由监理（建设）单位提交给设计单位，以便在设计交底时给予答复。

## ◆设计交底记录

设计交底工作应在工程开工前，由设计单位向施工单位、建设单位、监理单位进行。

施工组织设计交底要求交底人既要把施工组织设计中涉及的各类管理人员和各工种的施工任务、质量、安全、工期要求和责任分解到人，又规定各类管理人员之间、各工种之间协调配合，顺利实施施工组织设计的各项措施，共同完成质量、工期、安全、定额等指标。

在设计交底时，施工单位、监理单位及有关部门，特别是施工单位在熟悉设计文件以后，对设计文件中存在的问题和疑问做好记录，向设计单位提出，让设计单位解答。

设计单位的设计意图、对设计文件的解释、施工单位及有关单位提出的问题、得到的设计解答，均应写在设计交底记录里，由建设单位组织、整理、汇总设计交底要点及研讨问题纪要，填写《设计交底记录》。

各单位有关人员在审阅交底记录真实性和准确性后应签字。签字手续要齐全，并由建设单位盖章，形成正式设计文件。

设计交底记录表格样式，见表5.4。

**表5.4 设计交底记录**

编号：_____

| 工程名称 | | |
|---|---|---|
| 交底日期 | 年 月 日 | 共 页 第 页 |

交底要点及纪要：

| 单位名称 | | 签字 | |
|---|---|---|---|
| 建设单位 | | | （建设单位章） |
| 设计单位 | | | |
| 监理单位 | | | |
| 施工单位 | | | |

注：由建设单位整理、汇总，与会单位会签，城建档案管、建设单位、监理单位、施工单位保存，向城建档案馆报送、组卷。

# 【实　务】

## ◆图纸审查记录填写范例

图纸审查记录填写范例,见表5.5。

**表5.5　图纸审查记录**

编号:×××

<table>
<tr><td>工程名称</td><td colspan="4">××市××道路工程</td></tr>
<tr><td>施工单位</td><td colspan="2">××市政工程公司</td><td>技术负责人</td><td>徐××</td></tr>
<tr><td>审查日期</td><td colspan="2">2010年6月24日</td><td colspan="2">共1页第1页</td></tr>
<tr><td rowspan="2">提出问题及修改建议</td><td>序号</td><td colspan="3">内容</td></tr>
<tr><td></td><td colspan="3">提出问题:<br>1.××处是否设置了伸缩缝<br>2.请明确××路口施工范围<br><br>修改建议:<br>1.过××桩设置伸缩缝<br>2.××路口施工范围以花坛为界</td></tr>
</table>

注:由施工单位整理、汇总设计图纸中的问题,向有关单位报送,由施工单位保存。

## ◆设计交底填写范例

设计交底填写范例,见表5.6。

**表5.6 设计交底记录**

编号:×××

| 工程名称 | ××市××桥梁工程 | |
|---|---|---|
| 交底日期 | 2010年7月3日 | 共1页第1页 |

交底要点及纪要:

1. 进入施工现场一律戴好安全帽,高空作业系好安全带

2. 特殊作业人员必须持证上岗

3. 地基处理:处理时间自行确定,但必须按施工规范处理

4. 支架系统各连接部位要可靠,重要支撑结构必须经过验算

| 单位名称 | | 签字 | (建设单位章) |
|---|---|---|---|
| 建设单位 | ××发展公司 | 邓×× | |
| 设计单位 | ××设计研究院 | 高×× | |
| 监理单位 | ××监理公司 | 徐×× | |
| 施工单位 | ××市政工程公司 | 张×× | |

注:由建设单位整理、汇总,与会单位会签,城建档案管、建设单位、监理单位、施工单位保存,向城建档案馆报送、组卷。

# 5.3　技术交底记录

## 【基　础】

### ◆技术交底记录表格样式

技术交底记录表格样式见表 5.7。

表 5.7　技术交底记录

编号:______

| 工程名称 | | | |
|---|---|---|---|
| 部位名称 | | 工序名称 | |
| 施工单位 | | 交底日期 | |

交底内容:

| 审核人 | 交底人 | 接受交底人 |
|---|---|---|
| | | |

注:本表由施工单位填写,交底单位与接受交底单位各存一份。

### ◆技术交底记录填表说明

市政道路工程、桥梁工程、排水管渠工程的各道工序和关键部位均应进行工序施工技术交底。

工序施工技术是由项目部技术人员进行交底至各班(组)长及直接操作人员。工序施工技术交底要有交底记录,交底方式有以下两种。

(1)技术人员口头交底,接受交底人做记录。

(2)技术人员将写好或打印的交底记录交给接受交底人,技术人员再对其他人进行讲解。

## 【实 务】

### ◆技术交底记录填写范例

技术交底记录填写范例,见表5.8。

**表5.8 技术交底记录**

编号:×××

| 工程名称 | ××市××道路工程 | | |
|---|---|---|---|
| 部位名称 | 路基 | 工序名称 | ××× |
| 施工单位 | ××市政工程公司 | 交底日期 | 2010年9月10日 |

交底内容:

路基挖方施工

(1)开工前组织测量人员,校核提供的控制护桩,结合道路纵断面设计及横断面设计,放出道路宽度及填、挖高度,施工中要配合检查、校核

(2)坡顶离开挖边缘2~3 m范围内,不得堆放重物

(3)移挖做填,开挖时先将不适宜填筑的土单独掘弃

(4)开挖由高地段向低地段分段进行,按照自然坡面自上而下进行,坡脚部分最后挖除时,进行边坡的加固、防护工程

| 审核人 | 交底人 | 接受交底人 |
|---|---|---|
| ××× | ××× | ××× |

注:本表由施工单位填写,交底单位与接受交底单位各存一份。

# 5.4 设计变更、洽商记录

## 【基 础】

### ◆工程洽商记录表格样式

工程洽商记录表格样式见表5.9。

**表 5.9　工程洽商记录**

编号:______

| 工程名称 | | | |
|---|---|---|---|
| 施工单位 | | 日期 | |

洽商内容:

| 建设单位 | 监理单位 | 设计单位 | 施工单位 |
|---|---|---|---|
| | | | |

注:本表由洽商提出方填写并注明原图纸号,建设单位、监理单位、施工单位、城建档案馆各保存一份,向城建档案馆报送、组卷。

## ◆工程设计变更、洽商一览表样式

工程设计变更、洽商一览表样式见表 5.10。

**表 5.10　工程设计变更、洽商一览表**

编号:______

| 工程名称 | | | |
|---|---|---|---|
| 施工单位 | | | |
| 序号 | 变更、洽商单号 | 页数 | 主要变更、洽商内容 |
| | | | |
| | | | |
| | | | |
| | | | |
| | | | |
| | | | |
| | | | |
| | | | |
| | | | |
| 技术负责人:<br><br>年　月　日 | | | 填表人:<br><br>年　月　日 |

注:本表由施工单位填写,建设单位、监理单位、施工单位保存。

## ◆设计变更、洽商记录填表说明

(1)工程中如有洽商、应及时办理《工程洽商记录》,内容必须明确具体,注明原图号,必要时应附图。

(2)设计变更和技术洽商,要有设计单位、施工单位和监理(建设)单位等有关代表签认;设计单位若委托监理(建设)单位办理签认,需办理委托手续。变更洽商原件必须存档,相同工程若只需一个洽商时,可用复印件或抄件存档并注明原件存放处。

(3)分承包工程的设计变更洽商记录,应通过工程总承包单位办理。

(4)洽商记录应按专业、签订日期先后的顺序进行编号,工程完工后由总承包单位按所办理的变更及洽商进行汇总,填写《工程设计变更、洽商一览表》。

# 【实　务】

## ◆工程洽商记录填写范例

工程洽商记录填写范例,见表5.11。

**表5.11　工程洽商记录**

编号:×××

| 工程名称 | ××市××桥梁工程 | | |
|---|---|---|---|
| 施工单位 | ××市政工程公司 | 日期 | 2010-03-09 |

洽商内容:

1.应甲方要求,原设计桥面铺装层采用的是10 cm的混凝土,现改为7 cm的混凝土加3 cm的细粒式沥青混凝土。

2.原设计图纸中栏杆是贴面砖的混凝土栏板和不锈钢管,现改为青石栏杆。

| 建设单位 | 监理单位 | 设计单位 | 施工单位 |
|---|---|---|---|
| ××发展公司 | ××监理公司 | ××设计院 | ××市政工程公司 |

注:本表由洽商提出方填写并注明原图纸号,建设单位、监理单位、施工单位、城建档案馆各保存一份,向城建档案馆报送、组卷。

## ◆工程设计变更、洽商一览表填写范例

工程设计变更、洽商一览表填写范例,见表5.12。

**表 5.12　工程设计变更、洽商一览表**

编号：×××

| 工程名称 | | ××市政工程 | |
|---|---|---|---|
| 施工单位 | | ××市政工程公司 | |
| 序号 | 变更、洽商单号 | 页数 | 主要变更、洽商内容 |
| 1 | 001 | 1 | 中水管道管材由 U—PVC 管改为球墨铸铁管 |
| 2 | 002 | 1 | 管材采用球墨铸铁管，管件采用喷塑件 |
| 3 | 003 | 1 | 阀门由 Z45—T10 改为 Z45—T15 |
| | | | |
| | | | |
| | | | |
| | | | |
| | | | |
| | | | |
| | | | |
| | | | |
| | | | |
| | | | |
| | | | |
| | | | |
| | | | |
| | | | |
| 技术负责人：<br>×××<br>2010 年 7 月 12 日 | | 填表人：<br>×××<br>2010 年 7 月 12 日 | |

注：本表由施工单位填写，建设单位、监理单位、施工单位保存。

## 5.5　安全交底记录

### 【基　础】

#### ◆安全交底记录表

安全交底主要是施工单位对施工操作人员提出的安全要求、技术措施和技术指导，其表格样式见表 5.13。

表5.13　安全交底记录

编号:______

| 工程名称 | | | |
|---|---|---|---|
| 施工单位 | | 交底日期 | |

交底内容(安全措施及注意事项):

| 交底人 | 接受交底班组长 | 接受交底人数 |
|---|---|---|
| | | |

注:本表由施工单位填写并保存。(一式三份,班组一份、安全员一份、交底人一份)

# 【实　务】

## ◆安全交底记录填写范例

安全交底记录填写范例,见表5.14。

表5.14　安全交底记录

编号:×××

| 工程名称 | ××市××道路工程 | | |
|---|---|---|---|
| 施工单位 | ××市政工程公司 | 交底日期 | 2010年9月10日 |

交底内容(安全措施及注意事项):

(1)开挖基坑,应在施工技术人员指挥下,根据土质和挖掘深度的不同,进行放坡设置固壁支撑。

(2)挖土时,若发现边坡有纵向裂纹连续不断地滚落土粒,坑内的人员应立即离开危险地段。

(3)雨后复工前必须对槽壁、支撑等进行认真检查,确认安全后才可继续施工。

(4)挖较深的坑时,上部边缘应经常进行清理,必要时应加设挡板,防止土块等落物伤人。

(5)地下作业人员必须戴好安全帽。

(6)配合机械进行清坡、清底的作业人员,不准在机械回转半径下作业。

| 交底人 | 接受交底班组长 | 接受交底人数 |
|---|---|---|
| 王×× | 张×× | 25 |

注:本表由施工单位填写并保存。(一式三份,班组一份、安全员一份、交底人一份)

# 第6章　市政工程施工物资资料

## 6.1　施工物资资料管理概述

### 【基　础】

**◆施工物资资料管理一般要求**

(1)工程物资(包括主要原材料、成品、半成品、构配件、设备等)质量必须合格,且要有出厂质量证明文件(包括质量合格证明文件或检验/试验报告、产品生产许可证、产品合格证、产品监督检验报告等),进口物资还应有进口商检证明文件。

(2)质量证明文件的抄件(复印件)应保留原件的所有内容,并注明原件存放单位,还应有抄件人、抄件(复印)单位的签字和盖章。

(3)不允许使用不合格物资,涉及结构安全的材料需代换时,应征得原设计单位的书面同意,并符合相关规范的规定,经监理批准后方可使用。

(4)凡使用无国家、行业、地方标准规定的新材料、新产品、新工艺、新技术,均要有由具有鉴定资格单位出具的鉴定证书、产品质量标准、使用说明、施工技术要求和工艺要求。在使用之前,应按其质量标准进行检验和试验。

(5)有见证取样检验要求的应按规定送检,并做好见证记录。

(6)对国家、各地区规定的特种设备和材料应附有相关文件和法定检测单位的检测证明,如锅炉、压力容器、消防产品等。

**◆工程物资的分类**

(1)Ⅰ类物资。仅须质量证明文件的工程物资,如大型混凝土预制构件、一般设备、仪表、管材等。

(2)Ⅱ类物资。到场后除了必须有出厂质量证明文件之外,还须通过复试检验(试验)才能认可其质量的物资,如水泥、钢筋、砌块、混凝土外加剂、石灰、小型混凝土预制构件、防水材料、关键防腐材料(产品)、保温材料、锅炉、进口压力容器等。

Ⅱ类物资进厂后需按规定进行复试。验收批量的划分及必试项目宜按规范进行,也可根据工程的特殊需要另行增加试验项目。水泥出厂超过三个月、快硬硅酸盐水泥出厂一个月后必须进行复试,并提供复试检验(试验)报告,复试结果有效期限和出厂有效期限一样。

(3)Ⅲ类物资。除须有出厂质量证明文件、复试检验(试验)报告之外,施工完成后,还需通过规定龄期后再经检验(试验)才能认可其质量的物资,如混凝土、沥青混凝土、砌筑砂浆、石灰粉煤灰砂砾混合料等。

工程物资应按类别进行工程资料的编制和报验工作。在工程物资试验中,按规定允许进行重新取样加倍复试的物资,两次试验报告均需保留。专项物资按有关规定执行。

## 【实　务】

### ◆工程物资资料分级管理

工程物资资料应分级进行管理,半成品供应单位或半成品加工单位负责收集、整理、保存所供物资或原材料的质量证明文件。施工单位则应收集、整理、保存供应单位或加工单位提供的质量合格证明文件和进场后进行的试验、检验文件。各单位均应对各自范围内的工程资料的汇总整理结果负责,并保证工程资料的可追溯性。

**1. 钢筋资料的分级管理**

若钢筋采用场外委托加工,则钢筋的原材报告、复试报告等原材料质量文件由加工单位保存。加工单位提供的半成品钢筋加工出厂合格证由施工单位保存,施工单位还应对半成品钢筋进行外观检查,对力学性能进行有见证试验。力学性能和工艺性能的抽样复试,宜以同批次、同规格、同品种、同加工形式为一验收批,对钢筋连接接头每300个接头取一验收批。

**2. 混凝土资料的分级管理**

(1)预拌混凝土供应单位须向施工单位提供质量合格的混凝土并随车提供预拌混凝土发货单,在45天之内提供预拌混凝土出厂合格证。对于有抗冻、抗渗等特殊要求的预拌混凝土合格证的提供时间,由供应单位和施工单位在合同中明确,通常不大于60天。

(2)预拌混凝土供应单位除了向施工单位提供预拌混凝土上述资料之外,还应完整保存以下资料,以供查询。

1)混凝土配合比及试配记录。

2)水泥出厂合格证及复试报告。

3)砂子试验报告。

4)碎(卵)石试验报告。

5)轻骨料试验报告。

6)外加剂材料试验报告。

7)掺和料试验报告。

8)碱含量试验报告。(用于结构混凝土)

9)混凝土开盘鉴定。

10)混凝土抗压强度、抗折强度报告。(出厂检验、数值填入预拌混凝土出厂合格证)

11)混凝土抗渗、抗冻性能试验。(根据合同要求提供)

12)混凝土试块强度统计、评定记录。(搅拌单位取样部分)

13)混凝土坍落度测试记录。(搅拌单位测试记录)

(3)施工单位应填写、整理以下混凝土资料。

1)预拌混凝土出厂合格证。(搅拌单位提供)

2)混凝土抗压强度、抗折强度报告。(现场取样检验)

3)混凝土抗渗、抗冻性能试验记录。(有要求时的现场取样检验)

4)C20 以上混凝土浇筑记录。(其中部分内容根据预拌混凝土发货单内容进行整理)

5)混凝土坍落度测试记录。(现场检验)

6)混凝土测温记录。(有要求时的现场检测)

7)混凝土试块强度统计、评定记录。(施工单位现场取样部分)

8)混凝土试块有见证取样记录。

(4)若采用现场搅拌混凝土方式,施工单位应提供上述除了预拌混凝土出厂合格证、发货单之外的所有资料。

(5)现场搅拌混凝土强度等级在 C40(含 C40)以上或特种混凝土应进行开盘鉴定手续。

**3. 混凝土预制构件资料的分级管理**

若施工单位使用的是混凝土预制构件,钢筋、钢丝、预应力筋、混凝土等组成材料的原材报告、复试报告等质量证明文件及混凝土性能试验报告等由混凝土预制构件加工单位保存,由加工单位提供的预制构件出厂合格证则由施工单位保存。

**4. 石灰粉煤灰砂砾混合料资料的分级管理**

(1)石灰粉煤灰砂砾混合料生产厂家应向施工单位提供质量合格的混合料并随车提供混合料运输单,于 15 天之内提供石灰粉煤灰砂砾混合料的出厂质量合格证。

(2)石灰粉煤灰砂砾混合料生产厂家除了向施工单位提供上述资料之外,还应完整保存以下资料,以供查询。

1)混合料配合比及试配记录。

2)标准击实数据及最佳含水量数据。

3)石灰出厂质量证明及复试报告。

4)粉煤灰出厂质量证明及复试报告。

5)砂砾筛分试验报告。

6)7 天无侧限抗压强度试验报告。

(3)施工单位应收集、整理以下资料。

1)石灰粉煤灰砂砾混合料出厂质量合格证。(生产厂家提供)

2)石灰粉煤灰砂砾混合料 7 天无侧限抗压强度(含有见证取样)试验报告(现场检测)、石灰粉煤灰砂砾混合料中石灰剂量检测报告。(现场检测)

**5. 石灰粉煤灰钢渣混合料资料的分级管理**

(1)石灰粉煤灰钢渣混合料生产厂家须向施工单位提供质量合格的混合料并随车提供混合料运输单,于 15 天之内提供石灰粉煤灰钢渣混合料的出厂合格证。

(2)石灰粉煤灰钢渣混合料生产厂家除了向施工单位提供上述资料之外,还应完整保存以下资料,以供查询。

1)混合料配合比及试配记录。

2)标准击实数据及最佳含水量数据。

3)石灰出厂质量证明及复试报告。

4)粉煤灰出厂质量证明及复试报告。

5)钢渣质量证明及复试报告。

6)7 天无侧限抗压强度试验报告。

(3)施工单位应收集、整理以下资料。

1)石灰粉煤灰钢渣混合料出厂质量合格证。(生产厂家提供)

2)石灰粉煤灰钢渣混合料 7 天无侧限抗压强度(含有见证取样)试验报告(现场检测),石灰粉煤灰钢渣混合料中石灰剂量、粉煤灰含量、钢渣掺量检测报告。(现场检测)

**6. 水泥稳定砂砾混合料资料的分级管理**

(1)水泥稳定砂砾混合料生产厂家必须向施工单位提供质量合格的混合料并随车提供混合料运输单,于 15 天内提供水泥稳定砂砾出厂质量合格证。

(2)水泥稳定砂砾混合料生产厂家除向施工单位提供上述资料外,还应完整保存以下资料,以供查询。

1)混合料配合比及试配记录。

2)水泥出厂质量证明及复试报告。

3)砂砾筛分试验报告。

4)7 天无侧限抗压强度试验报告。

(3)施工单位应收集、整理以下资料。

1)水泥稳定砂砾混合料出厂质量合格证。(生产厂家提供)

2)水泥稳定砂砾混合料 7 天无侧限抗压强度(含有见证取样)试验报告。(现场检测)

**7. 热拌沥青混合料资料的分级管理**

(1)热拌沥青混合料生产厂家须向施工单位提供合格的沥青混合料并随车提供混合料运输单、标准密度资料以及沥青混合料出厂质量合格证。

(2)热拌沥青混合料生产厂家除了向施工单位提供上述资料之外,还应完整保存以下资料,以供查询。

1)热拌沥青混合料配合比设计及检验试验报告。

2)路用沥青、乳化沥青、液体石油沥青出厂合格证、复试报告。

3)集料试验报告。

4)添加剂、料试验报告。

(3)施工单位应收集、整理以下资料。

1)热拌沥青混合料出厂合格证。(生产厂家提供)

2)热拌沥青混合料标准密度资料。(生产厂家提供)

3)沥青混合料压实度试验报告。(有见证取样)

## 6.2 工程物资选样送审

### 【基 础】

### ◆工程物资选样送审表说明及样式

若合同或其他文件约定,在工程物资订货或进场之前需履行工程物资选样审批手续,则施工单位应填写《工程物资选样送审表》,报请审定。

工程物资选样送审表样式见表 6.1。

**表 6.1 工程物资选样送审表**

编号:________

| 工程名称 | |
|---|---|
| 施工单位 | |

致____________________(监理/建设单位):

现报上本工程下列物资选样文件,为满足工程进度要求,请在________年________月________日之前予以审批。

| 物资名称 | 规格型号 | 生产厂家 | 拟使用部位 |
|---|---|---|---|
| | | | |
| | | | |
| | | | |
| | | | |
| | | | |

附件:

□生产厂家资质文件 ____________页　□工程应用实例目录 ____________页

□产品性能说明书 ____________页　□报价单 ____________页

□产品检验报告 ____________页　□____________ ____________页

□质量保证书 ____________页　□____________ ____________页

技术负责人:　　申报人:　　申报日期:

施工单位审核人意见:

□有/□无附页

审核人:　　审核日期:　　年　　月　　日

续表6.1 工程物资选样送审表

<table>
<tr><td>施工单位审核人意见：<br><br>监理工程师：　　　　年　　月　　日</td><td>设计审核人意见：<br><br>设计负责人：　　　　年　　月　　日</td></tr>
<tr><td colspan="2">建设单位审定意见：<br><br>□同意使用　　□规格修改后再报　　□重新选样<br><br>技术负责人：　　　　年　　月　　日</td></tr>
</table>

注：本表由施工单位填报，经建设单位审定后，建设单位、监理单位、施工单位保存。

# 【实　务】

## ◆工程物资选样送审表填写范例

工程物资选样送审表填写范例，见表6.2。

表6.2 工程物资选样送审表

编号：××

| 工程名称 | ××市政工程 |
|---|---|
| 施工单位 | ××市政工程公司 |

致××监理公司（监理/建设单位）：

现报上本工程下列物资选样文件，为满足工程进度要求，请在 2010 年 8 月 1 日之前予以审批

| 物资名称 | 规格型号 | 生产厂家 | 拟使用部位 |
|---|---|---|---|
| 钢筋 | Φ15 | ××钢厂 | 梁 |
| 混凝土 | AC－16I | ××混凝土厂 | 面 |
| | | | |
| | | | |

附件：

☑生产厂家资质文件 3 页　　☑工程应用实例目录 1 页

☑产品性能说明书 4 页　　☑报价单 1 页

☑产品检验报告 4 页　　□______ ______页

☑质量保证书 1 页　　□______ ______页

技术负责人：×××　　申报人：×××　　申报日期：2010年08月13日

**续表6.2　工程物资选样送审表**

<table>
<tr><td colspan="2">施工单位审核人意见：<br><br>☑有/☐无附页<br><br>审核人：×××　　　　　　　　审核日期：　2010年8月13日</td></tr>
<tr><td>施工单位审核人意见：<br>同意使用<br>监理工程师：×××　　2010年8月13日</td><td>设计审核人意见：<br>同意<br>设计负责人：×××　　2010年8月13日</td></tr>
<tr><td colspan="2">建设单位审定意见：<br><br>☑同意使用　　☐规格修改后再报　　☐重新选样<br><br>技术负责人：　　　　　　　　年　月　日</td></tr>
</table>

注：本表由施工单位填报，经建设单位审定后，建设单位、监理单位、施工单位保存。

# 6.3　产品合格证

## 【基　础】

### ◆主要设备、原材料、构配件质量证明文件及复试报告汇总表

主要设备、原材料、构配件质量证明文件及复试报告汇总表，见表6.3。

**表6.3　主要设备、原材料、构配件质量证明文件及复试报告汇总表**

编号：________

<table>
<tr><td>工程名称</td><td colspan="7"></td></tr>
<tr><td>施工单位</td><td colspan="7"></td></tr>
<tr><td>材料(设备)名称</td><td>规格型号</td><td>生产厂家</td><td>单位</td><td>数量</td><td>使用部位</td><td>出厂证明或试验、检测单编号</td><td>出厂或试验日期</td></tr>
<tr><td></td><td></td><td></td><td></td><td></td><td></td><td></td><td></td></tr>
<tr><td></td><td></td><td></td><td></td><td></td><td></td><td></td><td></td></tr>
<tr><td></td><td></td><td></td><td></td><td></td><td></td><td></td><td></td></tr>
<tr><td>技术负责人</td><td colspan="3"></td><td colspan="2">填表人</td><td colspan="2"></td></tr>
</table>

注：本表由施工单位填写，城建档案馆、建设单位、施工单位保存，向城建档案馆报送、组卷。

## ◆半成品钢筋出厂合格证

半成品钢筋出厂合格证,见表6.4。

**表6.4 半成品钢筋出厂合格证**

编号:________

| 工程名称 | | | | | | | |
|---|---|---|---|---|---|---|---|
| 委托单位 | | | | | | 合格证编号 | |
| 供应总量/t | | | | 加工日期 | 年 月 日 | 供货日期 | 年 月 日 |
| 序号 | 级别规格 | 供应量/t | 进货日期 | 生产厂家 | 原材料报告编号 | 复试报告编号 | 使用部位 |
| | | | | | | | |
| | | | | | | | |
| | | | | | | | |
| | | | | | | | |
| | | | | | | | |
| | | | | | | | |
| | | | | | | | |
| | | | | | | | |

结论及备注:

| 技术负责人 | 填表人 | 加工单位(盖章) |
|---|---|---|
| | | |
| 出厂日期: 年 月 日 | | |

注:本表由半成品钢筋供应单位提供,建设单位、施工单位保存。

## ◆预制混凝土出厂合格证

预制混凝土出厂合格证,见表 6.5。

**表 6.5　预制混凝土出厂合格证**

编号:________

<table>
<tr><td>订货单位</td><td colspan="6"></td></tr>
<tr><td>工程名称</td><td colspan="3"></td><td>浇筑部位</td><td colspan="2"></td></tr>
<tr><td>强度等级</td><td></td><td>抗渗等级</td><td></td><td>供应量/m³</td><td colspan="2"></td></tr>
<tr><td>供应日期</td><td colspan="3">年　月　日</td><td>配合比编号</td><td colspan="2"></td></tr>
<tr><td>原材料名称</td><td>水泥</td><td>砂</td><td>石</td><td>掺和料</td><td rowspan="3">外加剂</td><td></td></tr>
<tr><td>品种及规格</td><td></td><td></td><td></td><td></td><td></td></tr>
<tr><td>试验编号</td><td></td><td></td><td></td><td></td><td></td></tr>
<tr><td rowspan="3">每组抗压强度值/MPa</td><td>试验编号</td><td>强度值</td><td>试验编号</td><td>强度值</td><td colspan="2" rowspan="12">备注:</td></tr>
<tr><td></td><td></td><td></td><td></td></tr>
<tr><td></td><td></td><td></td><td></td></tr>
<tr><td rowspan="2">每组抗折强度值/MPa</td><td></td><td></td><td></td><td></td></tr>
<tr><td></td><td></td><td></td><td></td></tr>
<tr><td rowspan="3">抗冻试验</td><td>试验编号</td><td>抗冻等级</td><td>试验编号</td><td>抗冻等级</td></tr>
<tr><td></td><td></td><td></td><td></td></tr>
<tr><td></td><td></td><td></td><td></td></tr>
<tr><td rowspan="3">抗渗试验</td><td>试验编号</td><td>抗渗等级</td><td>试验编号</td><td>抗渗等级</td></tr>
<tr><td></td><td></td><td></td><td></td></tr>
<tr><td></td><td></td><td></td><td></td></tr>
<tr><td colspan="5">抗压强度统计结果</td><td colspan="2" rowspan="3">结论:</td></tr>
<tr><td colspan="2">组数(n)</td><td colspan="2">平均值/MPa</td><td>最小值/MPa</td></tr>
<tr><td colspan="2"></td><td colspan="2"></td><td></td></tr>
<tr><td colspan="3">技术负责人</td><td colspan="2">填表人</td><td colspan="2" rowspan="3">供货单位(盖章)</td></tr>
<tr><td colspan="3"></td><td colspan="2"></td></tr>
<tr><td colspan="5">填表日期:　　年　月　日</td></tr>
</table>

注:本表由预制混凝土供应单位提供,建设单位、施工单位保存。

## ◆预拌钢筋混凝土梁、板、墩、桩、柱出厂合格证

预拌钢筋混凝土梁、板、墩、桩、柱出厂合格证，见表6.6。

**表6.6　预拌钢筋混凝土梁、板、墩、桩、柱出厂合格证**

编号：________

<table>
<tr><td>工程名称</td><td colspan="5"></td></tr>
<tr><td>构件名称</td><td colspan="5"></td></tr>
<tr><td>构件规格型号</td><td colspan="2"></td><td>构件编号</td><td colspan="2"></td></tr>
<tr><td>混凝土浇筑日期</td><td>年　月　日</td><td>构件出厂日期</td><td>年　月　日</td><td>养护方法</td><td></td></tr>
<tr><td>混凝土设计强度等级</td><td colspan="2"></td><td>构件出厂强度</td><td colspan="2"></td></tr>
<tr><td>主筋牌号、种类</td><td></td><td>直径/mm</td><td></td><td>试验编号</td><td></td></tr>
<tr><td>预应力筋牌号、种类</td><td></td><td>标准抗拉强度/MPa</td><td></td><td>试验编号</td><td></td></tr>
<tr><td>预应力张拉记录编号</td><td colspan="5"></td></tr>
<tr><td colspan="6">质量情况（外观、结构性能等）：</td></tr>
<tr><td colspan="6">结论及备注：</td></tr>
</table>

<table>
<tr><td>技术负责人</td><td>填表人</td><td rowspan="3">企业等级：<br><br>供货单位（盖章）</td></tr>
<tr><td></td><td></td></tr>
<tr><td>签发日期</td><td>年　　月　　日</td></tr>
</table>

注：本表由预制混凝土构件单位提供，建设单位、施工单位保存。

## ◆钢构件出厂合格证

钢构件出厂合格证见表 6.7。

**表 6.7　钢构件出厂合格证**

编号:________

| 工程名称 | | | | 合格证编号 | | |
|---|---|---|---|---|---|---|
| 委托单位 | | | | | | |
| 供应总量/t | | | 加工日期 | 年　月　日 | 出厂日期 | 年　月　日 |
| 序号 | 构件名称 | 构件编号 | 构件单重/kg | 构件数量 | 使用部位 | |
| | | | | | | |
| | | | | | | |
| | | | | | | |
| | | | | | | |
| | | | | | | |
| | | | | | | |
| | | | | | | |
| | | | | | | |
| | | | | | | |
| | | | | | | |

附:

1. 焊工资料报审表
2. 焊缝质量综合评级报告
3. 防腐施工质量检查记录
4. 钢材复试报告

结论及备注:

| 负责人 | 填表人 | 供货单位(盖章) |
|---|---|---|
| | | |
| 填表日期 | 年　月　日 | |

注:本表由钢构件供应单位提供,建设单位、施工单位保存。

## ◆热拌沥青混凝土出厂合格证

热拌沥青混凝土出厂合格证，见表6.8。

**表6.8 热拌沥青混凝土出厂合格证**

编号：________

| 工程名称 | | | |
|---|---|---|---|
| 供货厂家 | | 使用单位 | |
| 产品名称 | | 工程部位 | |
| 产品规格 | | 出厂日期 | 年 月 日 |
| 代表数量 | | | |

试验结果：

1. 油石比：

2. 密度：

3. 稳定度：

4. 流值：

5. 级配曲线：

结论及备注：

| 技术负责人 | 填表人 | 填表日期 | 供货单位 |
|---|---|---|---|
| | | 年 月 日 | （盖章） |

注：本表由厂家提供，建设单位、施工单位保存。

## ◆石灰粉煤灰砂砾出厂合格证

石灰粉煤灰砂砾出厂合格证，见表6.9。

**表6.9　石灰粉煤灰砂砾出厂合格证**

编号：________

<table>
<tr><td colspan="2">工程名称</td><td colspan="4"></td></tr>
<tr><td colspan="2">生产厂名称</td><td colspan="2"></td><td>生产日期</td><td>年　月　日</td></tr>
<tr><td colspan="2">出厂数量</td><td colspan="2"></td><td>出厂日期</td><td>年　月　日</td></tr>
<tr><td rowspan="3">混合料配比</td><td>材料名称</td><td>石灰</td><td>粉煤灰</td><td>砂砾</td><td></td></tr>
<tr><td>设计值</td><td></td><td></td><td></td><td></td></tr>
<tr><td>生产实测值</td><td></td><td></td><td></td><td></td></tr>
<tr><td rowspan="2">含水量</td><td>最佳含水量</td><td colspan="4"></td></tr>
<tr><td>出厂含水量</td><td colspan="4"></td></tr>
<tr><td colspan="2">抗压强度/MPa</td><td>7天</td><td colspan="2">14天</td><td>28天</td></tr>
<tr><td colspan="2">后补</td><td></td><td colspan="2"></td><td></td></tr>
<tr><td rowspan="4">原材料质量</td><td>石灰活性 CaO + MgO 含量/%</td><td colspan="2"></td><td>试验编号</td><td></td></tr>
<tr><td>粉煤灰 $SiO_2 + Al_2O_3$ 含量/%</td><td colspan="2"></td><td>试验编号</td><td></td></tr>
<tr><td>粉煤灰烧失量/%</td><td colspan="2"></td><td>试验编号</td><td></td></tr>
<tr><td>砂砾最大粒径/mm</td><td colspan="2"></td><td>试验编号</td><td></td></tr>
<tr><td>结论及备注</td><td colspan="3"></td><td colspan="2">供货单位<br>（盖章）</td></tr>
<tr><td>填表人</td><td colspan="2"></td><td>填表日期</td><td colspan="2">年　月　日</td></tr>
</table>

注：本表由厂家提供，建设单位、施工单位保存。

## ◆产品合格证粘贴衬纸

产品合格证粘贴衬纸,见表6.10。

**表6.10 产品合格证粘贴衬纸**

编号:________

<table>
<tr><td>工程名称</td><td colspan="3"></td></tr>
<tr><td>施工单位</td><td colspan="3"></td></tr>
<tr><td colspan="2">合格证</td><td colspan="2">代表数量</td></tr>
<tr><td colspan="2">(粘贴处)</td><td colspan="2"></td></tr>
<tr><td>粘贴人</td><td></td><td>日期</td><td>年 月 日</td></tr>
</table>

注:本表由施工单位提供,建设单位、施工单位保存。

# 【实 务】

## ◆半成品钢筋出厂合格证填写范例

半成品钢筋出厂合格证填写范例,见表6.11。

**表6.11 半成品钢筋出厂合格证**

编号:×××

<table>
<tr><td colspan="2">工程名称</td><td colspan="6">××市政工程</td></tr>
<tr><td colspan="2">委托单位</td><td colspan="4">××市政工程公司</td><td>合格证编号</td><td>×××</td></tr>
<tr><td colspan="2">供应总量/t</td><td colspan="2">100 t</td><td>加工日期</td><td>2010-02-01</td><td>供货日期</td><td>2010-02-10</td></tr>
<tr><td>序号</td><td>级别规格</td><td>供应量/t</td><td>进货日期</td><td>生产厂家</td><td>原材料报告编号</td><td>复试报告编号</td><td>使用部位</td></tr>
<tr><td>1</td><td>Φ10</td><td>25</td><td>2010-02-10</td><td>××厂</td><td>×××</td><td>×××</td><td>桩</td></tr>
<tr><td>2</td><td>Φ20</td><td>50</td><td>2010-02-15</td><td>××厂</td><td>×××</td><td>×××</td><td>桩</td></tr>
<tr><td>3</td><td>Φ25</td><td>25</td><td>2010-02-20</td><td>××厂</td><td>×××</td><td>×××</td><td>桩</td></tr>
</table>

结论及备注:

合格

<table>
<tr><td>技术负责人</td><td>填表人</td><td rowspan="3">加工单位(盖章)</td></tr>
<tr><td>×××</td><td>×××</td></tr>
<tr><td>出厂日期:</td><td>2010年2月25日</td></tr>
</table>

注:本表由半成品钢筋供应单位提供,建设单位、施工单位保存。

## ◆预制混凝土出厂合格证填写范例

预制混凝土出厂合格证填写范例,见表6.12。

**表6.12　预制混凝土出厂合格证**

编号:×××

<table>
<tr><td>订货单位</td><td colspan="5">××市政工程公司</td></tr>
<tr><td>工程名称</td><td colspan="3">××市政工程</td><td>浇筑部位</td><td>×××</td></tr>
<tr><td>强度等级</td><td>C20</td><td>抗渗等级</td><td></td><td>供应量/$m^3$</td><td>5.0 $m^3$</td></tr>
<tr><td>供应日期</td><td colspan="3">2010年4月13日</td><td>配合比编号</td><td>×××</td></tr>
<tr><td>原材料名称</td><td>水泥</td><td>砂</td><td>石</td><td>掺和料</td><td>外加剂</td></tr>
<tr><td>品种及规格</td><td>P.O42.5R</td><td>Ⅱ区中砂</td><td>黄土、碎石</td><td>粉煤灰Ⅰ级</td><td>YC-1缓凝高效减水剂</td></tr>
<tr><td>试验编号</td><td>×××</td><td>×××</td><td>×××</td><td>×××</td><td>×××</td></tr>
<tr><td rowspan="3">每组抗压强度值/MPa</td><td>试验编号</td><td>强度值</td><td>试验编号</td><td>强度值</td><td rowspan="12">备注:</td></tr>
<tr><td>×××</td><td>17.5</td><td></td><td></td></tr>
<tr><td></td><td></td><td></td><td></td></tr>
<tr><td rowspan="3">每组抗折强度值/MPa</td><td></td><td></td><td></td><td></td></tr>
<tr><td></td><td></td><td></td><td></td></tr>
<tr><td></td><td></td><td></td><td></td></tr>
<tr><td rowspan="3">抗冻试验</td><td>试验编号</td><td>抗冻等级</td><td>试验编号</td><td>抗冻等级</td></tr>
<tr><td></td><td></td><td></td><td></td></tr>
<tr><td></td><td></td><td></td><td></td></tr>
<tr><td rowspan="3">抗渗试验</td><td>试验编号</td><td>抗渗等级</td><td>试验编号</td><td>抗渗等级</td></tr>
<tr><td></td><td></td><td></td><td></td></tr>
<tr><td></td><td></td><td></td><td></td></tr>
<tr><td colspan="5">抗压强度统计结果</td><td rowspan="3">结论:<br>合格</td></tr>
<tr><td>组数(n)</td><td colspan="2">平均值/MPa</td><td colspan="2">最小值/MPa</td></tr>
<tr><td>1</td><td colspan="2">17.5</td><td colspan="2">17.5</td></tr>
<tr><td colspan="2">技术负责人</td><td colspan="3">填表人</td><td rowspan="3">供货单位(盖章)</td></tr>
<tr><td colspan="2">×××</td><td colspan="3">×××</td></tr>
<tr><td>填表日期:</td><td colspan="4">2010年4月14日</td></tr>
</table>

注:本表由预制混凝土供应单位提供,建设单位、施工单位保存。

### ◆钢构件出厂合格证填写范例

钢构件出厂合格证填写范例,见表6.13。

**表6.13 钢构件出厂合格证**

编号:×××

| 工程名称 | | ××市政工程 | | 合格证编号 | ××× | |
|---|---|---|---|---|---|---|
| 委托单位 | | ××构构件厂 | | | | |
| 供应总量/t | | 100 t | 加工日期 | 2010-3-15 | 出厂日期 | 2010-03-20 |
| 序号 | 构件名称 | 构件编号 | 构件单重/kg | 构件数量 | 使用部位 | |
| 1 | 1#钢柱 | ××× | 80 | 10 | ××× | |
| 2 | 1#桁架 | ××× | 30 | 5 | ××× | |
| | | | | | | |
| | | | | | | |

附:

1. 焊工资料报审表
2. 焊缝质量综合评级报告
3. 防腐施工质量检查记录
4. 钢材复试报告

结论及备注:

合格

| 负责人 | 填表人 | 供货单位(盖章) |
|---|---|---|
| ××× | ××× | |
| 填表日期 | 2010年3月22日 | |

注:本表由钢构件供应单位提供,建设单位、施工单位保存。

## 6.4 设备开箱检查

### 【基 础】

### ◆设备开箱检查记录说明及样式

设备进场后,由施工单位、监理单位、建设单位、供货单位共同开箱检查;进口设备,需要有商检部门参加并进行记录,填写《设备、配(备)件开箱检查记录》。

设备、配(备)件开箱检查记录样式,见表6.14。

**表6.14　设备开箱检查记录**

编号:________

| 工程名称 | | | 施工单位 | |
|---|---|---|---|---|
| 设备(配件)名称 | | | 检查日期 | |
| 规格型号 | | | 总数量 | |
| 装箱单号 | | | 检查数量 | |
| 检查记录 | 包装情况 | | | |
| | 随机文件 | | | |
| | 质量证明文件 | | | |
| | 备件与配件 | | | |
| | 外观情况 | | | |
| | 检查、测试情况 | | | |

缺、损配(备)件明细表

| 序号 | 名称 | 规格型号 | 单位 | 数量 | 备注 |
|---|---|---|---|---|---|
| | | | | | |
| | | | | | |
| | | | | | |
| | | | | | |

结论:

□合格

□不合格

| 监理(建设)单位 | 供应单位 | 施工单位 | |
|---|---|---|---|
| | | 质检员 | 材料员 |
| | | | |

注:本表由施工单位填写并保存。

# 【实 务】

## ◆设备开箱检查记录填写范例

设备开箱检查记录填写范例,见表6.15。

**表6.15 设备开箱检查记录**

编号:×××

| 工程名称 | | ××市政工程 | 施工单位 | ××市政工程公司 |
| --- | --- | --- | --- | --- |
| 设备(配件)名称 | | 换气扇 | 检查日期 | 2010-05-20 |
| 规格型号 | | ××× | 总数量 | 1 |
| 装箱单号 | | ××× | 检查数量 | 1 |
| 检查记录 | 包装情况 | 木箱包装 | | |
| | 随机文件 | 合格证、出厂检验报告、技术说明书齐全 | | |
| | 质量证明文件 | 出厂合格证、检验报告 | | |
| | 备件与配件 | 螺栓齐全 | | |
| | 外观情况 | 良好,喷涂均匀 | | |
| | 检查、测试情况 | 经手动测试运转情况良好 | | |

缺、损配(备)件明细表

| 序号 | 名称 | 规格型号 | 单位 | 数量 | 备注 |
| --- | --- | --- | --- | --- | --- |
| | | | | | |
| | | | | | |
| | | | | | |
| | | | | | |

结论:

☑合格

☐不合格

| 监理(建设)单位 | 供应单位 | 施工单位 | |
| --- | --- | --- | --- |
| | | 质检员 | 材料员 |
| ××× | ××× | ××× | ××× |

注:本表由施工单位填写并保存。

## 6.5　材料、配件检验

### 【基　础】

#### ◆材料、配件检验记录说明及样式

材料、配件进场后，由施工单位进行检验，需要进行抽检的材料、配件，按规定比例进行抽检并进行记录，填写《材料、配件检验记录汇总表》。

材料、配件检验记录样式，见表6.16。

**表6.16　材料、配件检验记录**

编号：________

<table>
<tr><td colspan="2">工程名称</td><td colspan="5"></td></tr>
<tr><td colspan="2">施工单位</td><td colspan="2"></td><td>检查日期</td><td colspan="2"></td></tr>
<tr><td rowspan="2">序号</td><td rowspan="2">名称</td><td rowspan="2">规格型号</td><td rowspan="2">数量</td><td rowspan="2">合格证号</td><td colspan="2">检验记录</td></tr>
<tr><td>检验量</td><td>检验方法</td></tr>
<tr><td></td><td></td><td></td><td></td><td></td><td></td><td></td></tr>
<tr><td></td><td></td><td></td><td></td><td></td><td></td><td></td></tr>
<tr><td></td><td></td><td></td><td></td><td></td><td></td><td></td></tr>
<tr><td></td><td></td><td></td><td></td><td></td><td></td><td></td></tr>
<tr><td></td><td></td><td></td><td></td><td></td><td></td><td></td></tr>
</table>

检验结论：

□合格

□不合格

<table>
<tr><td rowspan="2">监理（建设）单位</td><td colspan="2">施工单位</td></tr>
<tr><td>质检员</td><td>材料员</td></tr>
<tr><td></td><td></td><td></td></tr>
</table>

注：本表由施工单位填写并保存。

### 【实　务】

#### ◆材料、配件检验记录填写范例

材料、配件检验记录填写范例，见表6.17。

表6.17　材料、配件检验记录

编号:×××

| 工程名称 | | ××市政工程 | | | | |
|---|---|---|---|---|---|---|
| 施工单位 | | ××市政工程公司 | | 检查日期 | 2010-09-15 | |
| 序号 | 名称 | 规格型号 | 数量 | 合格证号 | 检验记录 | |
| | | | | | 检验量 | 检验方法 |
| 1 | 沥青混凝土 | AC-25 | 1 000 | ××× | 1 | 施工温度、压实度 |
| 2 | 沥青混凝土 | AC-25I | 2 000 | ××× | 1 | 施工温度、压实度 |
| | | | | | | |
| | | | | | | |
| | | | | | | |

检验结论:

☑合格

□不合格

| 监理(建设)单位 | 施工单位 | |
|---|---|---|
| | 质检员 | 材料员 |
| ××× | ××× | ××× |

注:本表由施工单位填写并保存。

## 6.6　预制混凝土构件、管材进场抽检记录

### 【基　础】

### ◆预制混凝土构件、管材进场抽检记录说明及样式

预制混凝土道牙、地袱、平石、防撞墩、大小方砖等小型混凝土构件进场后,必须要有预制混凝土小型构件出厂质量合格证,按照必试项目抽检批次和检验项目进行尺寸量测、外观检查,抽样进行混凝土抗压、抗折强度试验;管材则按照质量验收标准抽检,填写《预制混凝土构件、管材进场抽检记录》。

预制混凝土构件、管材进场抽检记录见表6.18。

**表6.18　预制混凝土构件、管材进场抽检记录**

编号:________

<table>
<tr><td>工程名称</td><td colspan="3"></td></tr>
<tr><td>施工单位</td><td colspan="3"></td></tr>
<tr><td>生产厂家</td><td></td><td>生产日期</td><td></td></tr>
<tr><td>构件名称</td><td></td><td>抽检日期</td><td></td></tr>
<tr><td>抽检数量</td><td></td><td>代表数量</td><td></td></tr>
<tr><td>规格型号</td><td></td><td>出厂日期</td><td></td></tr>
<tr><td>设计强度等级</td><td></td><td>合格证号</td><td></td></tr>
<tr><td>检验项目</td><td>标准要求</td><td colspan="2">检查结果</td></tr>
<tr><td>外观检查</td><td></td><td colspan="2"></td></tr>
<tr><td>外形尺寸量测</td><td></td><td colspan="2"></td></tr>
<tr><td>结构性能</td><td colspan="3"></td></tr>
</table>

结论:按____________________标准评定

□合格

□不合格

<table>
<tr><td rowspan="2">监理(建设)单位</td><td rowspan="2">供应单位</td><td colspan="2">施工单位</td></tr>
<tr><td>质检员</td><td>材料员</td></tr>
<tr><td></td><td></td><td></td><td></td></tr>
</table>

注:本表由施工单位填写,建设单位、施工单位保存。

# 【实　务】

## ◆预制混凝土构件、管材进场抽检记录填写范例

预制混凝土构件、管材进场抽检记录填写范例,见表6.19。

**表6.19　预制混凝土构件、管材进场抽检记录**

编号:×××

| 工程名称 | ××市政工程 | | |
|---|---|---|---|
| 施工单位 | ××市政工程公司 | | |
| 生产厂家 | ××预制构件厂 | 生产日期 | 2010-06-15 |
| 构件名称 | 混凝土道牙 | 抽检日期 | 2010-06-16 |
| 抽检数量 | 5 | 代表数量 | 24 000 |
| 规格型号 | ××× | 出厂日期 | 2010-06-10 |
| 设计强度等级 | C30 | 合格证号 | ××× |
| 检验项目 | 标准要求 | 检查结果 | |
| 外观检查 | 边角整齐、无石子外露、脱皮等 | 合格 | |
| 外形尺寸量测 | 直顺度10 mm,缝宽±2 mm | 合格 | |
| 结构性能 | | | |

结论:按《混凝土结构工程施工质量验收规范》(GB 50204—2002)标准评定

☑合格

□不合格

| 监理(建设)单位 | 供应单位 | 施工单位 | |
|---|---|---|---|
| | | 质检员 | 材料员 |
| ××× | ××× | ××× | ××× |

注:本表由施工单位填写,建设单位、施工单位保存。

# 6.7　产品进场检验和试验

## 【基　础】

### ◆材料实验报告(通用)

材料实验报告(通用)样式,见表6.20。

**表6.20　材料实验报告(通用)**

编　　号:________
试验编号:________
委托编号:________

| 工程名称 | | 试样编号 | |
|---|---|---|---|
| 委托单位 | | 委托人 | |
| 材料名称 | | 产地、厂别 | |
| 试验项目及说明: | | | |
| 试验结果: | | | |
| 结论: | | | |

| 批准人 | 审核人 | 试验人 |
|---|---|---|
| | | |
| 报告日期 | | 年　月　日(章) |

注:本表由试验单位提供、城建档案馆、建设单位、施工单位保存,向城建档案馆报送、组卷。

## ◆水泥试验报告

水泥试验报告表格样式,见表6.21。

**表6.21　水泥试验报告**

编　　号:________

试验编号:________

委托编号:________

<table>
<tr><td colspan="2">工程名称</td><td colspan="3"></td><td colspan="2">试样编号</td><td colspan="2"></td></tr>
<tr><td colspan="2">委托单位</td><td colspan="3"></td><td colspan="2">试验委托人</td><td colspan="2"></td></tr>
<tr><td colspan="2">品种及强度等级</td><td></td><td colspan="2">出厂编号及日期</td><td colspan="2"></td><td>厂别牌号</td><td></td></tr>
<tr><td colspan="2">代表数量/t</td><td></td><td colspan="2">来样日期</td><td colspan="2"></td><td>试验日期</td><td></td></tr>
<tr><td rowspan="11">试验结果</td><td rowspan="2">细　度</td><td colspan="4">80 μm 方孔筛余量/%</td><td colspan="3"></td></tr>
<tr><td colspan="4">比表面积/(m · kg$^{-2}$)</td><td colspan="3"></td></tr>
<tr><td>标准稠度用水量/%</td><td colspan="7"></td></tr>
<tr><td>凝结时间</td><td>初凝</td><td colspan="3">h　min</td><td colspan="2">终凝</td><td>h　min</td></tr>
<tr><td>安定性</td><td>沸煮法</td><td colspan="3">□合格;□不合格</td><td colspan="2">雷氏法</td><td>□合格;□不合格</td></tr>
<tr><td>其他</td><td colspan="7"></td></tr>
<tr><td>强度/MPa</td><td colspan="7"></td></tr>
<tr><td>龄期<br>类别</td><td colspan="2">3天</td><td colspan="2">7天</td><td colspan="2">28天</td><td>快测</td></tr>
<tr><td>抗折强度/MPa</td><td colspan="2"></td><td colspan="2"></td><td colspan="2"></td><td></td></tr>
<tr><td>抗压强度/MPa</td><td colspan="2"></td><td colspan="2"></td><td colspan="2"></td><td></td></tr>
</table>

结论:按____________________标准评定

□合格

□不合格

| 批准人 | 审核人 | 试验人 |
|---|---|---|
| | | |
| 报告日期 | | |

注:本表由试验单位提供,建设单位、施工单位、城建档案馆各保存一份。

## ◆砂试验报告

砂试验报告表格样式，见表 6.22。

**表 6.22　砂试验报告**

编　　号：________
试验编号：________
委托编号：________

<table>
<tr><td colspan="2">工程名称</td><td colspan="2"></td><td>试样编号</td><td colspan="3"></td></tr>
<tr><td colspan="2">委托单位</td><td colspan="2"></td><td>试验委托人</td><td colspan="3"></td></tr>
<tr><td colspan="2">种　　类</td><td colspan="2"></td><td>产　　地</td><td colspan="3"></td></tr>
<tr><td colspan="2">代表数量</td><td></td><td colspan="2">来样日期</td><td></td><td>试验日期</td><td></td></tr>
<tr><td rowspan="9">试<br>验<br>结<br>果</td><td rowspan="2">筛分析</td><td colspan="2">细度模数($\mu_f$)</td><td colspan="4"></td></tr>
<tr><td colspan="2">级配区域/区</td><td colspan="4"></td></tr>
<tr><td>含泥量/%</td><td colspan="6"></td></tr>
<tr><td>泥块含量/%</td><td colspan="6"></td></tr>
<tr><td>表观密度/($kg \cdot m^{-3}$)</td><td colspan="6"></td></tr>
<tr><td>堆积密度/($kg \cdot m^{-3}$)</td><td colspan="6"></td></tr>
<tr><td>碱活性指标/%</td><td colspan="6"></td></tr>
<tr><td>坚固性(质量损失)/%</td><td colspan="6"></td></tr>
<tr><td>其他</td><td colspan="6"></td></tr>
</table>

结论：

| 批准人 | 审核人 | 试验人 |
|---|---|---|
| | | |
| 报告日期 | | |

注：本表由试验单位提供，建设单位、施工单位、城建档案馆各保存一份。

## ◆碎(卵)石试验报告

碎(卵)石试验报告表格样式,见表6.23。

**表6.23 碎(卵)石试验报告**

编　　号:______
试验编号:______
委托编号:______

<table>
<tr><td colspan="2">工程名称</td><td colspan="3"></td><td>试样编号</td><td colspan="2"></td></tr>
<tr><td colspan="2">委托单位</td><td colspan="3"></td><td>试验委托人</td><td colspan="2"></td></tr>
<tr><td colspan="2">种类、产地</td><td colspan="3"></td><td>公称粒径/mm</td><td colspan="2"></td></tr>
<tr><td colspan="2">代表数量</td><td colspan="2"></td><td>来样日期</td><td></td><td>试验日期</td><td></td></tr>
<tr><td rowspan="11">试验结果</td><td rowspan="3">筛分析</td><td>级配情况</td><td colspan="5">□连续粒级　□单粒级</td></tr>
<tr><td>级配结果</td><td colspan="5"></td></tr>
<tr><td>最大粒径/mm</td><td colspan="5"></td></tr>
<tr><td colspan="2">含泥量/%</td><td colspan="5"></td></tr>
<tr><td colspan="2">泥块含量/%</td><td colspan="5"></td></tr>
<tr><td colspan="2">针、片状颗粒含量/%</td><td colspan="5"></td></tr>
<tr><td colspan="2">压碎指示值/%</td><td colspan="5"></td></tr>
<tr><td colspan="2">表观密度/(kg·m$^{-3}$)</td><td colspan="5"></td></tr>
<tr><td colspan="2">堆积密度/(kg·m$^{-3}$)</td><td colspan="5"></td></tr>
<tr><td colspan="2">碱活性指标</td><td colspan="5"></td></tr>
<tr><td colspan="2">含泥量/%</td><td colspan="5"></td></tr>
<tr><td colspan="8">结论:</td></tr>
</table>

<table>
<tr><td>批准人</td><td>审核人</td><td>试验人</td></tr>
<tr><td></td><td></td><td></td></tr>
<tr><td>报告日期</td><td colspan="2"></td></tr>
</table>

注:本表由试验单位提供,建设单位、施工单位、城建档案馆各保存一份。

## ◆轻集料试验报告

轻集料试验报告表格样式,见表6.24。

**表6.24　轻集料试验报告**

编　　号:________
试验编号:________
委托编号:________

<table>
<tr><td colspan="2">工程名称</td><td colspan="2"></td><td>试样编号</td><td colspan="2"></td></tr>
<tr><td colspan="2">委托单位</td><td colspan="2"></td><td>试验委托人</td><td colspan="2"></td></tr>
<tr><td colspan="2">种　　类</td><td></td><td>密度等级</td><td></td><td>产　　地</td><td></td></tr>
<tr><td colspan="2">代表数量</td><td></td><td>来样日期</td><td></td><td>试验日期</td><td></td></tr>
<tr><td rowspan="9">试验结果</td><td rowspan="3">筛分析</td><td colspan="2">密度模数(细骨粒)</td><td colspan="3"></td></tr>
<tr><td colspan="2">最大粒径(粗骨粒)</td><td colspan="3">mm</td></tr>
<tr><td colspan="2">级配情况</td><td colspan="2">□连续粒级</td><td>□单粒级</td></tr>
<tr><td>表观密度(kg·m⁻³)</td><td colspan="5"></td></tr>
<tr><td>堆积密度(kg·m⁻³)</td><td colspan="5"></td></tr>
<tr><td>筒压强度/MPa</td><td colspan="5"></td></tr>
<tr><td>吸水率(1 h)/%</td><td colspan="5"></td></tr>
<tr><td>粒型系数</td><td colspan="5"></td></tr>
<tr><td>其他</td><td colspan="5"></td></tr>
</table>

结论:

| 批准人 | 审核人 | 试验人 |
|---|---|---|
| | | |
| 报告日期 | | |

注:本表由试验单位提供,建设单位、施工单位、城建档案馆各保存一份。

## ◆掺和料试验报告

掺和料试验报告表格样式,见表6.25。

**表6.25 掺和料试验报告**

编　　号:________

试验编号:________

委托编号:________

| 工程名称 | | | 试样编号 | | |
|---|---|---|---|---|---|
| 委托单位 | | | 试验委托人 | | |
| 掺和料种类 | | 等　级 | | 产　地 | |
| 代表数量 | | 来样日期 | | 试验日期 | |
| 试验结果 | 细度 | 0.045 mm 方孔筛筛余/% | | | |
| | | 80 μm 方孔筛筛余/% | | | |
| | 需水量比 | | | | |
| | 吸氨值/% | | | | |
| | 28 d 水泥胶砂抗压强度比 | | | | |
| | 烧失量/% | | | | |
| | 其他 | | | | |

结论:

| 批准人 | 审核人 | 试验人 |
|---|---|---|
| | | |
| 报告日期 | | |

注:本表由试验单位提供,建设单位、施工单位、城建档案馆各保存一份。

## ◆外加剂试验报告

外加剂试验报告表格样式,见表6.26。

**表6.26　外加剂试验报告**

编　　号:________
试验编号:________
委托编号:________

| 工程名称 | | | 试样编号 | | |
|---|---|---|---|---|---|
| 委托单位 | | | 试验委托人 | | |
| 产品名称 | | 生产厂家 | | 生产日期 | |
| 代表数量 | | 来样日期 | | 试验日期 | |
| 试验项目 | | | | | |
| 试验结果 | 试验项目 | | 试验结果 | | |
| | | | | | |
| | | | | | |
| | | | | | |
| | | | | | |
| | | | | | |
| | | | | | |
| | | | | | |

结论:按____________________标准评定

□合格

□不合格

| 批准人 | 审核人 | 试验人 |
|---|---|---|
| | | |
| 报告日期 | | |

注:本表由试验单位提供,建设单位、施工单位、城建档案馆各保存一份。

## ◆钢材试验报告

钢材试验报告表格样式，见表6.27。

**表6.27 钢材试验报告**

编　号：________

<table>
<tr><td colspan="2">工程名称</td><td colspan="4"></td><td colspan="1">证件编号</td><td colspan="2"></td></tr>
<tr><td colspan="2">委托单位</td><td colspan="4"></td><td>试验委托人</td><td colspan="2"></td></tr>
<tr><td colspan="2">钢材种类</td><td colspan="2"></td><td>规格和牌号</td><td></td><td>生产厂家</td><td colspan="2"></td></tr>
<tr><td colspan="2">代表数量</td><td colspan="2"></td><td>来样日期</td><td></td><td>试验日期</td><td colspan="2"></td></tr>
<tr><td colspan="2">公称直径(厚度)/mm</td><td colspan="4"></td><td>公称面积</td><td colspan="2"></td></tr>
<tr><td rowspan="10">试验结果</td><td colspan="5">力学性能</td><td colspan="3">弯曲性能</td></tr>
<tr><td>屈服点/MPa</td><td>抗拉强度/MPa</td><td>伸长率/%</td><td>$\sigma_b$实/$\sigma_s$实</td><td>$\sigma_s$实/$\sigma_b$标</td><td>弯心直径</td><td>角度</td><td>结果</td></tr>
<tr><td></td><td></td><td></td><td></td><td></td><td></td><td></td><td></td></tr>
<tr><td></td><td></td><td></td><td></td><td></td><td></td><td></td><td></td></tr>
<tr><td colspan="7">化学分析</td><td rowspan="6">其他：</td></tr>
<tr><td rowspan="2">分析编号</td><td colspan="6">化学成分</td></tr>
<tr><td>C</td><td>Si</td><td>Mn</td><td>P</td><td>S</td><td>$C_{eq}$</td></tr>
<tr><td></td><td></td><td></td><td></td><td></td><td></td><td></td></tr>
<tr><td></td><td></td><td></td><td></td><td></td><td></td><td></td></tr>
</table>

结论：按__________________标准评定

□合格

□不合格

| 批准人 | 审核人 | 试验人 |
|---|---|---|
| | | |
| 报告日期 | | |

注：本表由试验单位提供，建设单位、施工单位各保存一份。

## ◆沥青试验报告

沥青试验报告表格样式，见表 6.28。

**表 6.28　沥青试验报告**

编　　号:______

<table>
<tr><td>工程名称</td><td colspan="4"></td><td>试样编号</td><td></td></tr>
<tr><td>委托单位</td><td colspan="4"></td><td>品种及标号</td><td></td></tr>
<tr><td>试样名称</td><td colspan="4"></td><td>产地</td><td></td></tr>
<tr><td>批量</td><td></td><td>来样日期</td><td colspan="2"></td><td>试验日期</td><td></td></tr>
<tr><td colspan="7">石油沥青</td></tr>
<tr><td rowspan="2">试样编号</td><td rowspan="2" colspan="2">针入度(25 ℃,1/10 cm)</td><td colspan="2">延度/cm</td><td rowspan="2" colspan="2">软化点/℃</td></tr>
<tr><td>15 ℃</td><td>25 ℃</td></tr>
<tr><td></td><td colspan="2"></td><td></td><td></td><td colspan="2"></td></tr>
<tr><td></td><td colspan="2"></td><td></td><td></td><td colspan="2"></td></tr>
<tr><td colspan="7">煤沥青</td></tr>
<tr><td>试样编号</td><td colspan="2">黏度</td><td colspan="4"></td></tr>
<tr><td></td><td colspan="2"></td><td colspan="4"></td></tr>
<tr><td></td><td colspan="2"></td><td colspan="4"></td></tr>
<tr><td colspan="7">乳化沥青</td></tr>
<tr><td>试样编号</td><td colspan="2">黏度</td><td colspan="4">沥青含量/%</td></tr>
<tr><td></td><td colspan="2"></td><td colspan="4"></td></tr>
<tr><td></td><td colspan="2"></td><td colspan="4"></td></tr>
</table>

结论:按__________________标准评定

□合格

□不合格

| 批准人 | 审核人 | 试验人 |
|---|---|---|
| | | |
| 报告日期 | | |

注:本表由试验单位提供,建设单位、施工单位各保存一份。

## ◆防水涂料试验报告

防水涂料试验报告表格样式,见表6.29。

**表6.29 防水涂料试验报告**

编　　号:________
试验编号:________
委托编号:________

<table>
<tr><td colspan="2">工程名称</td><td colspan="2"></td><td>试样编号</td><td colspan="2"></td></tr>
<tr><td colspan="2">委托单位</td><td colspan="2"></td><td>试验委托人</td><td colspan="2"></td></tr>
<tr><td colspan="2">种类、型号</td><td colspan="2"></td><td>生产厂家</td><td colspan="2"></td></tr>
<tr><td colspan="2">代表数量</td><td></td><td>来样日期</td><td></td><td>试验日期</td><td></td></tr>
<tr><td rowspan="9">试<br>验<br>结<br>果</td><td>延伸性/mm</td><td colspan="5"></td></tr>
<tr><td>拉伸强度/MPa</td><td colspan="5"></td></tr>
<tr><td>断裂伸长率/%</td><td colspan="5"></td></tr>
<tr><td>黏结性/MPa</td><td colspan="5"></td></tr>
<tr><td>耐热度</td><td>温度/℃</td><td></td><td>评定</td><td colspan="2"></td></tr>
<tr><td>不透水性</td><td colspan="5"></td></tr>
<tr><td>柔韧性(低温)</td><td>温度/℃</td><td></td><td>评定</td><td colspan="2"></td></tr>
<tr><td>固体含量/%</td><td colspan="5"></td></tr>
<tr><td>其他</td><td colspan="5"></td></tr>
</table>

结论:

| 批准人 | 审核人 | 试验人 |
|---|---|---|
| | | |
| 报告日期 | | |

注:本表由试验单位提供,建设单位、施工单位、城建档案馆各保存一份。

## ◆防水卷材试验报告

防水卷材试验报告表格样式,见表6.30。

**表6.30　防水卷材试验报告**

编　　号:________

试验编号:________

委托编号:________

<table>
<tr><td colspan="2">工程名称及部位</td><td colspan="2"></td><td>试样编号</td><td colspan="3"></td></tr>
<tr><td colspan="2">委托单位</td><td colspan="2"></td><td>试验委托人</td><td colspan="3"></td></tr>
<tr><td colspan="2">种类、等级、牌号</td><td colspan="2"></td><td>生产厂家</td><td colspan="3"></td></tr>
<tr><td colspan="2">代表数量</td><td></td><td>来样日期</td><td></td><td>试验日期</td><td colspan="2"></td></tr>
<tr><td rowspan="9">试验结果</td><td rowspan="2">拉力试验</td><td colspan="2">拉力/N</td><td>纵</td><td></td><td>横</td><td></td></tr>
<tr><td colspan="2">拉伸强度/MPa</td><td>纵</td><td></td><td>横</td><td></td></tr>
<tr><td colspan="3">断裂伸长率(延伸率)/%</td><td>纵</td><td></td><td>横</td><td></td></tr>
<tr><td>剥离强度</td><td colspan="6"></td></tr>
<tr><td>黏合性/MPa</td><td colspan="6"></td></tr>
<tr><td>耐热度</td><td colspan="2">温度/℃</td><td></td><td>评定</td><td colspan="2"></td></tr>
<tr><td>不透水性</td><td colspan="6"></td></tr>
<tr><td>柔韧性(低温柔性、低温弯折性)</td><td colspan="2">温度/℃</td><td></td><td>评定</td><td colspan="2"></td></tr>
<tr><td>其他</td><td colspan="6"></td></tr>
<tr><td colspan="8">结论:</td></tr>
</table>

| 批准人 | 审核人 | 试验人 |
|---|---|---|
| | | |
| 报告日期 | | |

注:本表由试验单位提供,建设单位、施工单位、城建档案馆各保存一份。

# 【实　　务】

## ◆砂试验报告样式填写范例

砂试验报告填写范例,见表6.31。

**表6.31　砂试验报告**

编　　号:×××
试验编号:×××
委托编号:×××

| 工程名称 | ××市政工程 | | | 试样编号 | ××× | | |
|---|---|---|---|---|---|---|---|
| 委托单位 | ××× | | | 试验委托人 | ××× | | |
| 种　　类 | 中砂 | | | 产　　地 | ××× | | |
| 代表数量 | 500 t | | 来样日期 | 2009-08-13 | 试验日期 | 2009-08-13 | |
| 试验结果 | 筛分析 | | 细度模数($\mu_f$) | | 2.7 | | |
| | | | 级配区域/区 | | Ⅱ | | |
| | 含泥量/% | | | | 2.4 | | |
| | 泥块含量/% | | | | 0.4 | | |
| | 表观密度/(kg·m$^{-3}$) | | | | — | | |
| | 堆积密度/(kg·m$^{-3}$) | | | | 1 460 | | |
| | 碱活性指标/% | | | | — | | |
| | 坚固性(质量损失)/% | | | | — | | |
| | 其他 | | 含水率/有机质含量/云母含量/碱活性/孔隙率/坚固性/轻物质含量/氯离子含量/紧密密度 | | | | |

结论:

依据《普通混凝土用砂、石质量及检验方法标准(附条文说明)》(JGJ 52—2006)标准,含泥量合格,泥块含量合格,属Ⅱ区中砂。

| 批准人 | 审核人 | 试验人 |
|---|---|---|
| ××× | ××× | ××× |
| 报告日期 | 2009-08-14 | |

注:本表由试验单位提供,建设单位、施工单位、城建档案馆各保存一份。

## ◆碎(卵)石试验报告填写范例

碎(卵)石试验报告填写范例,见表6.32。

**表6.32　碎(卵)石试验报告**

编　　号:×××
试验编号:×××
委托编号:×××

<table>
<tr><td colspan="2">工程名称</td><td colspan="2">××市政工程</td><td>试样编号</td><td colspan="2">×××</td></tr>
<tr><td colspan="2">委托单位</td><td colspan="2">××市政工程公司</td><td>试验委托人</td><td colspan="2">×××</td></tr>
<tr><td colspan="2">种类、产地</td><td colspan="2">卵石　×××</td><td>公称粒径/mm</td><td colspan="2">5~10</td></tr>
<tr><td colspan="2">代表数量</td><td>500 t</td><td>来样日期</td><td>2010-08-14</td><td>试验日期</td><td>2010-08-14</td></tr>
<tr><td rowspan="11">试验结果</td><td rowspan="3">筛分析</td><td colspan="2">级配情况</td><td colspan="3">☑连续粒级　□单粒级</td></tr>
<tr><td colspan="2">级配结果</td><td colspan="3">符合5~10 mm卵石连续级配</td></tr>
<tr><td colspan="2">最大粒径/mm</td><td colspan="3">10.0</td></tr>
<tr><td colspan="3">含泥量/%</td><td colspan="3">0.6</td></tr>
<tr><td colspan="3">泥块含量/%</td><td colspan="3">0.2</td></tr>
<tr><td colspan="3">针、片状颗粒含量/%</td><td colspan="3">0</td></tr>
<tr><td colspan="3">压碎指示值/%</td><td colspan="3">0</td></tr>
<tr><td colspan="3">表观密度/(kg·m$^{-3}$)</td><td colspan="3">—</td></tr>
<tr><td colspan="3">堆积密度/(kg·m$^{-3}$)</td><td colspan="3">—</td></tr>
<tr><td colspan="3">碱活性指标</td><td colspan="3">—</td></tr>
<tr><td colspan="3">含泥量/%</td><td colspan="3">含水率/氯离子含量/孔隙率/坚固性/有机质含量/抗压强度试验/轻物质含量</td></tr>
</table>

结论:

依据《普通混凝土用砂、石质量及检验方法标准(附条文说明)》(JGJ 52—2006)标准,含泥量合格,泥块含量合格,针片状含量合格,符合5~10 mm卵石连续级配。

| 批准人 | 审核人 | 试验人 |
|---|---|---|
| ××× | ××× | ××× |
| 报告日期 | 2010-08-14 | |

注:本表由试验单位提供,建设单位、施工单位、城建档案馆各保存一份。

## ◆外加剂试验报告填写范例

外加剂试验报告填写范例，见表6.33。

**表6.33　外加剂试验报告**

编　　号：×××

试验编号：×××

委托编号：×××

| 工程名称 | ××市政工程 | | 试样编号 | ××× | |
|---|---|---|---|---|---|
| 委托单位 | ××市政工程公司 | | 试验委托人 | ××× | |
| 产品名称 | 缓凝减水剂 | 生产厂家 | ××厂 | 生产日期 | 2009－09－14 |
| 代表数量 | 40 kg | 来样日期 | 2009－12－19 | 试验日期 | 2009－12－20 |
| 试验项目 | 必试项目 | | | | |

| 试验结果 | 试验项目 | 试验结果 |
|---|---|---|
| | 钢筋锈蚀 | 无锈蚀作用 |
| | 凝结时间差 | 初凝168 min，终凝25 min |
| | 28 d抗压强度比/% | 115 |
| | 减水率/% | 21.5 |
| | | |
| | | |
| | | |

结论：按《混凝土外加剂》(GB 8076—2008)标准评定

☑合格

☐不合格

| 批准人 | 审核人 | 试验人 |
|---|---|---|
| ××× | ××× | ××× |
| 报告日期 | 2009－12－21 | |

注：本表由试验单位提供，建设单位、施工单位、城建档案馆各保存一份。

## ◆钢材试验报告填写范例

钢材试验报告填写范例,见表6.34。

**表6.34　钢材试验报告**

编　号:×××

| 工程名称 | ××市政工程 | | | 证件编号 | ××× |
|---|---|---|---|---|---|
| 委托单位 | ××× | | | 试验委托人 | ××× |
| 钢材种类 | 热扎带肋 | 规格和牌号 | HRB335ϕ25 | 生产厂家 | ××钢铁集团公司 |
| 代表数量 | 30 t | 来样日期 | 2009-09-20 | 试验日期 | 2007-09-20 |
| 公称直径(厚度) | 25.00 mm | | | 公称面积 | 490.0 $mm^2$ |

| 试验结果 | 力学性能 | | | | | 弯曲性能 | | |
|---|---|---|---|---|---|---|---|---|
| | 屈服点/MPa | 抗拉强度/MPa | 伸长率/% | $\sigma_b$实/$\sigma_s$实 | $\sigma_s$实/$\sigma_b$标 | 弯心直径 | 角度 | 结果 |
| | 385 | 605 | 26 | 1.57 | 1.15 | 75 | 180 | 合格 |
| | 385 | 605 | 26 | 1.57 | 1.15 | 75 | 180 | 合格 |
| | 化学分析 | | | | | | | 其他: |
| | 分析编号 | 化学成分 | | | | | | |
| | | C | Si | Mn | P | S | $C_{eq}$ | |
| | | | | | | | | |
| | | | | | | | | |

结论:按《钢筋混凝土用热轧带肋钢筋》(GB 1499.2—2009)标准评定

☑合格

☐不合格

| 批准人 | 审核人 | 试验人 |
|---|---|---|
| ××× | ××× | ××× |
| 报告日期 | 2009-09-20 | |

注:本表由试验单位提供,建设单位、施工单位各保存一份。

# 6.8 见证记录文件

## 【基 础】

### ◆见证记录文件样式

**1. 有见证取样和送检见证人备案书**

有见证取样和送检见证人备案书,见表6.35。

**表6.35 有见证取样和送检见证人备案书**

编 号:________

质量监督站:

试 验 室:

我单位决定,由__________同志担任________________工程有见证取样和送检见证人,负责对涉及安全及主要功能的试件、试样、材料的见证取样和送检。

有关的印章和签字如下,请查收备案。

| 有见证取样的送检印章 | 见证人签字 |
| --- | --- |
| | |

建设单位名称(盖章): 年 月 日

监理单位名称(盖章): 年 月 日

施工项目负责人(签字): 年 月 日

注:本表由建设(监理)单位填写,建设单位、试验单位、见证单位、监督站、施工单位保存。

### 2. 见证记录

见证记录表格样式,见表 6.36。

**表 6.36　见证记录**

编　　号:______

| 工程名称 | | | |
|---|---|---|---|
| 施工单位 | | 取样单位 | |
| 样品名称 | | 样品数量 | |
| 样品规格 | | 取样日期 | |
| 取样地点 | | | |

见证记录:

| 有见证取样和送检印章 | |
|---|---|
| 取样人签字 | |
| 见证人签字 | |
| 送样日期 | |

注:本表由监理(建设)单位填写,建设单位、监理单位、试验单位、施工单位保存。

### 3. 有见证试验汇总表

有见证试验汇总表,见表 6.37。

**表 6.37　有见证试验汇总表**

编　　号:______

| 工程名称 | | | | | |
|---|---|---|---|---|---|
| 施工单位 | | | | | |
| 建设单位 | | | | | |
| 监理单位 | | | | | |
| 见证试验室名称 | | | | | |
| 见证人 | | | | | |
| 样品名称 | 样品规格 | | 有见证试验组数 | 试验报告份数 | 备注 |
| | | | | | |
| | | | | | |
| | | | | | |
| | | | | | |
| 负责人 | | 填表人 | | 汇总日期 | |

注:本表由监理(建设)单位填写,城建档案管、建设单位、监理单位、试验单位、施工单位保存,向城建档案馆报送、组卷。

## ◆见证记录文件填表说明

工程开工前应确定由有资格的专业人员作为本工程的有见证取样及送检见证人，报质量监督机构和具有见证取样试验资质的试验备案，填写《有见证取样和送检见证人备案书》。

施工单位宜按本工程的实际工程量，根据规定的检验频率及抽样密度制定见证取样计划，作为现场见证取样的依据。

施工过程中所作的见证取样应填写《见证记录》。

工程完工之后，由施工单位对所做的见证试验进行汇总，并填写《有见证试验汇总表》。

# 【实　务】

## ◆有见证取样和送检见证人备案书填写范例

有见证取样和送检见证人备案书填写范例，见表6.38。

**表6.38　有见证取样和送检见证人备案书**

编号：×××

| | |
|---|---|
| 质量监督站：××市政质量监督站 | |
| 试　验　室：××工程质量检测中心 | |
| 我单位决定，由 李×× 同志担任 ××市政 工程有见证取样和送检见证人，负责对涉及安全及主要功能的试件、试样、材料的见证取样和送检。<br>有关的印章和签字如下，请查收备案。 | |
| 有见证取样的送检印章 | 见证人签字 |
| （盖章） | ××× |
| 建设单位名称（盖章）： | 2010年9月23日 |
| 监理单位名称（盖章）： | 2010年9月23日 |
| 施工项目负责人（签字）：××× | 2010年9月23日 |

注：本表由建设（监理）单位填写，建设单位、试验单位、见证单位、监督站、施工单位保存。

## ◆见证记录填写范例

见证记录填写范例，见表6.39。

**表6.39　见证记录**

编　　号：×××

| 工程名称 | ××市政工程 | | |
|---|---|---|---|
| 施工单位 | ××市政工程公司 | 取样单位 | ××× |
| 样品名称 | C30混凝土试块 | 样品数量 | 1组 |
| 样品规格 | 150 mm×150 mm×150 mm | 取样日期 | 2010年3月15日 |
| 取样地点 | ××× | | |

见证记录：

混凝土试块配比为1:0.41:1.41:2.12，计量准确。
取样地点、试块制作均符合规范要求。

| 有见证取样和送检印章 | |
|---|---|
| 取样人签字 | ××× |
| 见证人签字 | ××× |
| 送样日期 | 2010年3月16日 |

注：本表由监理(建设)单位填写，建设单位、监理单位、试验单位、施工单位保存。

# 第 7 章　市政工程施工测量监测资料

## 7.1　测量复核记录

## 【基　础】

### ◆测量复核记录表格样式

测量复核记录表格样式，见表 7.1。

**表 7.1　测量复核记录**

编　号：

| 工程名称 | | | |
|---|---|---|---|
| 施工单位 | | | |
| 复核部位 | | 仪器型号 | |
| 复核日期 | | 仪器检定日期 | |
| 复核内容（文字及草图）： | | | |
| 复核结论： | | | |
| 技术负责人 | 测量负责人 | 复核人 | 施测人 |
| | | | |

注：本表由施工单位填写，城建档案馆、建设单位、施工单位保存。

### ◆测量复核记录填表说明

测量复核记录是指施工前对施工测量放线的复测，复测后应填写《测量复核记录》，测量复核记录包括。

（1）构筑物（桥梁、道路、各种管道、水池等）位置线。

（2）基础尺寸线，包括基础轴线、断面尺寸、标高。（槽底标高、垫层标高等）

（3）主要结构的模板，包括几何尺寸、轴线、标高、预埋件位置等。

（4）桥梁下部结构的轴线及高程，上部结构安装前的支座位置及高程等。

## 【实　务】

### ◆测量复核记录填写范例

测量复核记录填写范例,见表 7.2。

**表 7.2　测量复核记录**

编号:×××

<table>
<tr><td>工程名称</td><td colspan="3">××市××桥梁工程</td></tr>
<tr><td>施工单位</td><td colspan="3">××市政工程公司</td></tr>
<tr><td>复核部位</td><td>W44(DF0+290)工作坑</td><td>仪器型号</td><td>×××</td></tr>
<tr><td>复核日期</td><td>2010 年 6 月 30 日</td><td>仪器检定日期</td><td>2010 年 6 月 30 日</td></tr>
</table>

复核内容(文字及草图):

5 m

4 m

| 桩号 | 设计高程/m | 实测高程/m | 允许偏差/mm | 实际偏差/mm |
|---|---|---|---|---|
| W44# | 210.362 | 210.372 | ±30 | ±10 |
| | 210.362 | 210.379 | ±30 | ±17 |
| | 210.362 | 210.375 | ±30 | ±13 |

复核结论:

符合标准要求

| 技术负责人 | 测量负责人 | 复核人 | 施测人 |
|---|---|---|---|
| ××× | ××× | ××× | ××× |

注:本表由施工单位填写,城建档案馆、建设单位、施工单位保存。

# 7.2 初期支护净空测量记录

## 【基 础】

### ◆初期支护净空测量记录说明及样式

浅埋暗挖隧道初期支护完成后,应进行初期支护净空的测量检查,并做好记录。记录的主要内容包括检查桩号部位、初期支护的净空尺寸等。

初期支护净空测量记录样式,见表7.3。

**表7.3 初期支护净空测量记录**

编 号:____

| 工程名称 | | | | | |
|---|---|---|---|---|---|
| 施工单位 | | | | | |
| 施工部位 | | 桩号 | | 检查日期 | 年 月 日 |

| 序号 | 桩号 | 拱部边墙 | | | | | | | | | | | | | | | | | | | | | |
|---|---|---|---|---|---|---|---|---|---|---|---|---|---|---|---|---|---|---|---|---|---|---|---|
| | | 线路中心左侧 | | | | | | | | | | | 线路中心右侧 | | | | | | | | | | |
| | | 1 | 2 | 3 | 4 | 5 | 6 | 7 | 8 | 9 | 10 | 11 | 1 | 2 | 3 | 4 | 5 | 6 | 7 | 8 | 9 | 10 | 11 |
| 设计值 | | | | | | | | | | | | | | | | | | | | | | | |
| | | | | | | | | | | | | | | | | | | | | | | | |
| | | | | | | | | | | | | | | | | | | | | | | | |
| | | | | | | | | | | | | | | | | | | | | | | | |
| | | | | | | | | | | | | | | | | | | | | | | | |

| 序号 | 桩号 | 仰拱 | | | | | | | | | | | | | | | | | | | | | |
|---|---|---|---|---|---|---|---|---|---|---|---|---|---|---|---|---|---|---|---|---|---|---|---|
| | | 线路中心左侧 | | | | | | | | | | | 线路中心右侧 | | | | | | | | | | |
| | | 1 | 2 | 3 | 4 | 5 | 6 | 7 | 8 | 9 | 10 | 11 | 1 | 2 | 3 | 4 | 5 | 6 | 7 | 8 | 9 | 10 | 11 |
| 设计值 | | | | | | | | | | | | | | | | | | | | | | | |
| | | | | | | | | | | | | | | | | | | | | | | | |
| | | | | | | | | | | | | | | | | | | | | | | | |
| | | | | | | | | | | | | | | | | | | | | | | | |
| | | | | | | | | | | | | | | | | | | | | | | | |

| 技术负责人 | | 质检员 | | 记录人 | |
|---|---|---|---|---|---|
| 注:1. 自中线向两侧测量横向尺寸,自轨顶向上每50 cm一点(包含拱顶最高点)<br>2. 仰拱从中心向两侧每50 cm一点,测量自轨面线下的竖向尺寸。<br>3. 设计尺寸注于附图中或填在第一行内。 | | | | 断面示意图 | |

注:本表由施工单位填写,建设单位、施工单位保存。

# 【实 务】

## ◆初期支护净空测量记录填写范例

初期支护净空测量记录范例，见表 7.4。

**表 7.4 初期支护净空测量记录**

编号：×××

| 工程名称 | ××市政工程 | | | | |
|---|---|---|---|---|---|
| 施工单位 | ××市政工程公司 | | | | |
| 施工部位 | ××× | 桩号 | ××× | 检查日期 | 2010－08－12 |

| 序号 | 桩号 | 拱部边墙 | | | | | | | | | | | | | | | | | | | | | |
|---|---|---|---|---|---|---|---|---|---|---|---|---|---|---|---|---|---|---|---|---|---|---|---|
| | | 线路中心左侧 | | | | | | | | | | | 线路中心右侧 | | | | | | | | | | |
| | | 1 | 2 | 3 | 4 | 5 | 6 | 7 | 8 | 9 | 10 | 11 | 1 | 2 | 3 | 4 | 5 | 6 | 7 | 8 | 9 | 10 | 11 |
| 设计值 | | | | | | | | | | | | | | | | | | | | | | | |
| 0＋150 | | 2 | 3 | 5 | | | | | | | | | 1 | 2 | 3 | | | | | | | | |
| 0＋200 | | 2 | 1 | 6 | | | | | | | | | 3 | 5 | 7 | | | | | | | | |
| 0＋250 | | 5 | 2 | 3 | | | | | | | | | 8 | 10 | 11 | | | | | | | | |
| | | | | | | | | | | | | | | | | | | | | | | | |

| 序号 | 桩号 | 仰拱 | | | | | | | | | | | | | | | | | | | | | |
|---|---|---|---|---|---|---|---|---|---|---|---|---|---|---|---|---|---|---|---|---|---|---|---|
| | | 线路中心左侧 | | | | | | | | | | | 线路中心右侧 | | | | | | | | | | |
| | | 1 | 2 | 3 | 4 | 5 | 6 | 7 | 8 | 9 | 10 | 11 | 1 | 2 | 3 | 4 | 5 | 6 | 7 | 8 | 9 | 10 | 11 |
| 设计值 | | | | | | | | | | | | | | | | | | | | | | | |
| 0＋150 | | 3 | 6 | 9 | | | | | | | | | 4 | 5 | 5 | | | | | | | | |
| 0＋200 | | 11 | 7 | 6 | | | | | | | | | 5 | 6 | 3 | | | | | | | | |
| 0＋250 | | 9 | 12 | 10 | | | | | | | | | 5 | 3 | 2 | | | | | | | | |
| | | | | | | | | | | | | | | | | | | | | | | | |

| 技术负责人 | ××× | 质检员 | ××× | 记录人 | ××× |
|---|---|---|---|---|---|
| 注：1. 自中线向两侧测量横向尺寸，自轨顶向上每 50 cm 一点（包含拱顶最高点）。<br>2. 仰拱从中心向两侧每 50 cm 一点，测量自轨面线下的竖向尺寸。<br>3. 设计尺寸注于附图中或填在第一行内。 | | | | 断面示意图 | |

注：本表由施工单位填写，建设单位、施工单位保存。

# 7.3 结构收敛观测成果记录

## 【基 础】

### ◆结构收敛观测成果记录说明及样式

浅埋暗挖施工时，应进行结构的收敛变形观测并做好记录，记录的主要内容包括测点桩号及点位布置、观测日期、变形速率以及累计收敛量等。

结构收敛观测成果记录样式，见表7.5。

**表7.5 结构收敛观测成果记录**

编 号:________

| 工程名称 | | | | | | | |
|---|---|---|---|---|---|---|---|
| 施工单位 | | | | | | | |
| 观测点桩号 | | 观测日期 | 自 年 月 日至 年 月 日 | | | | |
| 测点位置 | 观测日期 | 时间间隔/h | 前本次相差/mm | 速率/($mm \cdot d^{-1}$) | 总收敛/mm | 初测日期 | 初测值 |
| | | | | | | | |
| | | | | | | | |
| | | | | | | | |
| | | | | | | | |
| | | | | | | | |
| 观测点位布置简图: | | | | | | | |
| 技术负责人 | 复核 | | 计算 | | 测量员 | | |
| | | | | | | | |

注：本表由施工单位填写并保存。

# 【实　务】

## ◆结构收敛观测成果记录填写范例

结构收敛观测成果记录填写范例,见表7.6。

**表7.6　结构收敛观测成果记录**

编　　号:×××

| 工程名称 | ××市政工程 | | | | | | |
|---|---|---|---|---|---|---|---|
| 施工单位 | ××市政工程公司 | | | | | | |
| 观测点桩号 | | 观测日期 | 自2010年9月12日至2010年9月12日 | | | | |
| 测点位置 | 观测日期 | 时间间隔/h | 前本次相差/mm | 速率/(mm·d$^{-1}$) | 总收敛/mm | 初测日期 | 初测值 |
| A10－1 | 2010－09－12 | 2 | 2 | 0.7 | 2 | 2010－09－12 | 2 |
| A10－2 | 2010－09－12 | 2 | 3 | 0.5 | 3 | 2010－09－12 | 2 |
| | | | | | | | |
| | | | | | | | |
| | | | | | | | |

观测点位布置简图:

(略)

| 技术负责人 | 复核 | 计算 | 测量员 |
|---|---|---|---|
| ××× | ××× | ××× | ××× |

注:本表由施工单位填写并保存。

# 7.4　地中位移观测记录

## 【基　础】

### ◆地中位移观测记录说明及样式

若浅埋暗挖施工引起了附近地层位移的变化,应进行观测并做好记录。记录的主要内容包括测点桩号及点位布置、观测日期、变形位移速率以及累计位移量等。

地中位移观测记录样式,见表 7.7。

**表 7.7　地中位移观测记录**

编　号:______

| 工程名称 | | | | | | |
|---|---|---|---|---|---|---|
| 施工单位 | | | | | | |
| 观测日期:<br>自　年　月　日至　年　月　日 | | | 点位与结构关系示意图:<br>测区里程 | | | |
| 观测点 | 观测日期 | 时间间隔/h | 前本次相差/mm | 总位移值/mm | 初测日期 | 初测值 |
| | | | | | | |
| | | | | | | |
| | | | | | | |
| | | | | | | |
| | | | | | | |
| | | | | | | |
| 技术负责人 | | 复核 | 计算 | | 测量员 | |
| | | | | | | |

注:本表由施工单位填写并保存。

# 【实　务】

## ◆地中位移观测记录填写范例

地中位移观测记录填写范例,见表7.8。

**表7.8　地中位移观测记录**

编　号:×××

| 工程名称 | ××市政工程 | | | | | |
|---|---|---|---|---|---|---|
| 施工单位 | ××市政工程公司 | | | | | |
| 观测日期:<br>自2010年8月15日至2010年8月15日 | | | 点位与结构关系示意图:<br>测区里程 | | | |
| 观测点 | 观测日期 | 时间间隔/h | 前本次相差/mm | 总位移值/mm | 初测日期 | 初测值 |
| A10－1 | 2010－08－15 | 2 | 2 | 4 | 2010－08－15 | 2 |
| | | | | | | |
| | | | | | | |
| | | | | | | |
| | | | | | | |
| 技术负责人 | | 复核 | 计算 | | 测量员 | |
| ××× | | ××× | ××× | | ××× | |

注:本表由施工单位填写并保存。

# 7.5 拱顶下沉观测成果表

## 【基 础】

### ◆拱顶下沉观测成果记录说明及样式

浅埋暗挖施工应进行结构的拱顶下沉观测并做好记录,记录的主要内容包括测点桩号及点位布置、观测日期、沉降速率及累计沉降量等。

拱顶下沉观测成果记录样式,见表7.9。

**表7.9 拱顶下沉观测成果记录**

编 号:________

| 工程名称 | | | | | | | |
|---|---|---|---|---|---|---|---|
| 施工单位 | | | | | | | |
| 水准点编号:<br>水准点所在位置:<br>观测日期:<br>自 年 月 日至 年 月 日 | | | | 量测部位<br>测量桩号: | | | |
| 测点位置 | 观测日期 | 时间间隔/h | 前本次相差/mm | 速率/(mm·d$^{-1}$) | 累计沉降/mm | 初测日期 | 初测值 |
| | | | | | | | |
| | | | | | | | |
| | | | | | | | |
| | | | | | | | |
| | | | | | | | |
| 技术负责人 | | 复核 | | 计算 | | 测量员 | |
| | | | | | | | |

注:本表由施工单位填写并保存。

# 【实　务】

## ◆拱顶下沉观测成果记录填写范例

拱顶下沉观测成果记录填写范例,见表 7.10。

**表 7.10　拱顶下沉观测成果记录**

编号:×××

| 工程名称 | ××市政工程 | | | | | | |
|---|---|---|---|---|---|---|---|
| 施工单位 | ××市政工程公司 | | | | | | |
| 水准点编号:×××<br>水准点所在位置:0 + 215.5<br>观测日期:<br>自 2010 年 3 月 15 日至 2010 年 3 月 15 日 | | | | 量测部位<br>测量桩号:0 + 250.5 | | | |
| 测点位置 | 观测日期 | 时间间隔/h | 前本次相差/mm | 速率/(mm·d$^{-1}$) | 累计沉降/mm | 初测日期 | 初测值 |
| ××× | 2010 - 03 - 15 | 2 | 2 | 1.2 | 2 | 2010 - 03 - 15 | 2 |
| | 2010 - 03 - 15 | 2 | 2 | 1.5 | 4 | 2010 - 03 - 15 | 2 |
| | | | | | | | |
| | | | | | | | |
| | | | | | | | |
| 技术负责人 | | 复核 | | 计算 | | 测量员 | |
| ××× | | ××× | | ××× | | ××× | |

注:本表由施工单位填写并保存。

# 第8章　市政工程施工记录

## 8.1　施工通用记录

### 【基　础】

### ◆施工通用记录

**1. 施工通用记录样式**

施工通用记录表格样式，见表8.1。

**表8.1　施工通用记录**

编　号：________

| 工程名称 | | | |
|---|---|---|---|
| 施工单位 | | 日期 | 年　月　日 |
| 施工内容： | | | |
| 施工依据与材质： | | | |
| 检查结果： | | | |
| 质量问题处理意见： | | | |

| 负责人 | 质检员 | 记录人 |
|---|---|---|
| | | |

注：本表由施工单位填写并保存。

**2. 施工通用记录填表说明**

《施工通用记录》用在专用施工记录中无适用表格情况下，对工程施工过程进行记录。

凡相关专业技术质量验收规范、主控项目或一般项目的检查方法中要求进行检查施工记录的项目，都要按资料的要求对该项施工过程或成品质量进行检查，并填写施工记录。若存在问题，还应有处理建议。

施工记录按表格内容填写齐全的则为符合要求。

施工记录由项目经理部的专职质量检查员或工长实施记录，并由项目技术负责人审定。

## ◆隐蔽工程检查记录

### 1. 隐蔽工程检查记录样式

隐蔽工程检查记录样式，见表 8.2。

**表 8.2　隐蔽工程检查记录**

编　号：______

| 工程名称 | | | |
|---|---|---|---|
| 施工单位 | | | |
| 隐检部位 | | 隐检项目 | |

隐检内容：

填表人：

检查结果及处理意见：

检查日期：　年　月　日

复查结果

复查人：　　复查日期：　年　月　日

| 监理(建设)单位 | 设计单位 | 施工单位 |
|---|---|---|
| | | |

注：本表由施工单位填写并保存。

### 2. 隐蔽工程检查记录填表说明

隐蔽工程是指被下道工序施工所隐蔽的工程项目。隐蔽工程在隐蔽前须进行隐蔽工程质量检查。隐蔽工程质量检查由施工项目负责人组织施工人员、质检人员，并请监理(建设)单位代表参加，必要时还应请设计人员参加；建(构)筑物的验槽，基础与主体结构的验收，应通知质量监督站参加。隐蔽工程的检查结果应明确具体，检查手续应及时办理不得后补。需复验的则应办理复验手续，填写复查日期并由复查人做出结论，隐蔽项目的内容如下。

(1)地基与基础。土质情况、槽基位置坐标、几何尺寸、标高、边坡坡度、地基处理、钎探记录等。

(2)基础与主体结构各部位钢筋。钢筋品种、规格、数量、位置、间距、接头情况、保护层厚度及除锈、代用变更情况。

(3)桥梁等结构预应力筋、预留孔道的直径、位置、坡度、接头处理孔道绑扎、锚具、夹具、连接器的组装等情况。

(4)现场结构构件、钢筋连接。连接形式、接头位置、数量及连接质量等，焊接包括焊条牌号(型号)、坡口尺寸、焊缝尺寸等。

(5)桥梁工程桥面防水层下找平层的平整度、坡度、桥头搭板位置尺寸。

(6)桥面伸缩装置规格、数量及埋置情况。

(7)管道、构件的基层处理,内外防腐、保温。

(8)管道混凝土管座、管带及附属构筑物的隐蔽部位。

(9)管沟、小室(闸井)防水。

(10)水工构筑物和沥青防水工程防水层下的各层细部做法、工作缝、防水变形缝等。

(11)厂(场)站工程构筑物。伸缩止水带材质、完好情况、安装位置、沉降缝及伸缩缝填充料填充厚度等,工作缝做法、穿墙套管做法等。

(12)各类钢筋混凝土构筑物预埋件位置、规格、数量、安装质量情况。

(13)垃圾卫生填埋场导排层、(渠)铺设的材质、规格、厚度、平整度,导排渠轴线位置、花管内底高程、断面尺寸等。

(14)直埋在地下或结构中以及有保温、防腐要求的管道。管道及附件安装的位置、高程、坡度,各种管道间的水平、垂直净距,管道、焊缝的安排及套管尺寸,组对、焊接质量(间隙、坡口、钝边、焊缝余高、焊缝宽度、外观成型等),管支架的位置等。

(15)电气工程。没有专业表格的电气工程隐蔽工程内容,如电缆埋设路径、深度。安装电气配线的形式、规格、安装工艺、质量。

## ◆中间检查交接记录

**1. 中间检查交接记录样式**

中间检查交接记录样式见表8.3。

**表8.3　中间检查交接记录**

编　　号:________

| 工程名称 | | | |
|---|---|---|---|
| 移交单位 | | 接收单位 | |
| 交接部位 | | 交接日期 | 年　月　日 |
| 交接内容 | | | |
| 检查结果 | | | |
| 其他说明 | | | |
| 移交单位负责人 | 接收单位负责人 | 见证人 | |
| | | | |

注:本表由移交单位填写,移交单位、接收单位保存。

**2. 中间检查交接记录填表说明**

某一道工序完成后，移交给另一单位进行下道工序施工前，移交单位和接收单位需进行交接检查，并请监理(建设)单位参加见证。对工程实体的外观质量、遗留问题、成品保护、注意事项等情况进行记录，并填写《中间检查交接记录》，它是保证质量的重要措施。

工序交接检查可以分为施工班组之间的交接检查、专业施工队之间的交接检查、专业施工单位之间的交接检查及承包工程企业之间的交接检查等。

工序交接的步骤与方法如下。

(1)交方提供本工序的全部质量保证技术文件及其对工程质量的必要说明。

(2)接方按提交的文件资料进行必要的检查、量测或观感检查。

(3)通过资料、文件及实物的检查，对发现的问题按标准要求进行适当处理。

(4)办理交接手续，双方签字，如有仲裁方也应签字。

(5)若交方交出的实物质量经查不合格，接方可不予接收。

## 【实　务】

### ◆施工通用记录填写范例

施工通用记录填写范例，见表 8.4。

**表 8.4　施工通用记录**

编　号：×××

| 工程名称 | ××市政工程 | | |
|---|---|---|---|
| 施工单位 | ××市政工程公司 | 日期 | 2010 年 4 月 15 日 |
| 施工内容：<br>（根据具体施工试验具体填写） | | | |
| 施工依据与材质：<br>（根据具体施工试验具体填写） | | | |
| 检查结果：<br>以上检查项目符合施工及设计规范要求 | | | |
| 质量问题处理意见： | | | |

| 负责人 | 质检员 | 记录人 |
|---|---|---|
| ××× | ××× | ××× |

注：本表由施工单位填写并保存。

## ◆隐蔽工程检查记录填写范例

隐蔽工程检查记录样式，见表8.5。

**表8.5　隐蔽工程检查记录**

编　号：×××

| 工程名称 | ××市政工程 | | |
| --- | --- | --- | --- |
| 施工单位 | ××市政工程公司 | | |
| 隐检部位 | 基础 | 隐检项目 | 回填土隐蔽工程 |

隐检内容

1. 按结施－2、3图施工。

2. 回填土施工前基础被埋部分均作隐蔽，见隐蔽检查验收记录。

3. 回填土采用粉质黏土，无垃圾树根等杂物，分层机械夯填，分层厚度为每层233毫米，每层均采用环刀取样，土干密度见报告单。

填表人：赵××

检查结果及处理意见：

符合设计及规范规定

检查日期：2010年5月31日

复查结果：

复查人：　　复查日期：　年　月　日

| 监理（建设）单位 | 设计单位 | 施工单位 |
| --- | --- | --- |
| ××× | ××× | ××× |

注：本表由施工单位填写并保存。

# 8.2　基础/主体结构工程通用施工记录

## 【基　础】

## ◆地基处理记录

《地基处理记录》由施工单位依据勘察、设计单位提出的处理意见进行地基处理之后进行填写。地基处理记录包括地基处理部位、处理过程及处理结果简述、审核意见等，且还应进行干土质量密度或贯入度试验。处理内容还应包括原地面降水、清除树根、淤泥、杂物及地面下坟坑、水井及较大坑穴的处理记录。

若地基处理采用的是碎石桩、灰土桩等桩基处理时，由专业施工单位提供地基处理的施工记录。

地基处理记录表的样式,见表 8.6。

**表 8.6　地基处理记录**

编　号:________

| 工程名称 | |
|---|---|
| 施工单位 | |
| 处理依据 | |

处理部位(或简图):

处理过程简述:

检查意见:

年　月　日

| 监理(建设单位) | 勘察单位 | 设计单位 | 施工单位 |
|---|---|---|---|
| | | | |

注:本表由施工单位填写,城建档案馆、建设单位、施工单位保存,向城建档案馆报送、组卷。

## ◆地基钎探记录

地基钎探是为了探明地基底下对沉降影响最大的一定深度内的土层情况而进行的,通常应按照设计和规范的要求绘制钎探点布置图并进行钎探,并填写《地基钎探记录》。

地基钎探记录表格样式,见表 8.7。

**表 8.7　地基钎探记录**

编　号:________

| 施工单位 | | | | 工程名称 | | | | |
|---|---|---|---|---|---|---|---|---|
| 套锤重 | | 自由落距 | | 钎径 | | 钎探日期 | | |
| 顺序号 | 各步锤数 | | | | | | | 备注 |
| | 0～30 /cm | 31～60 /cm | 61～90 /cm | 91～120 /cm | 121～150 /cm | 151～180 /cm | 181～210 /cm | |
| | | | | | | | | |
| | | | | | | | | |
| | | | | | | | | |

| 技术负责人 | 施工员 | 质检员 | 记录人 |
|---|---|---|---|
| | | | |

注:本表由施工单位填写,城建档案馆、建设单位、施工单位保存,向城建档案馆报送、组卷。

当地基需要处理时,应由勘察设计部门提出处理意见,把处理的部位、尺寸、高程等情况标注在钎探图上，并要有复验记录。

资料要求如下。

(1)钎探布点、钎探深度、方法等应按照有关要求执行。

(2)钎探要有结论分析，若发现软弱层、土质不均、古井、墓穴或其他异常情况等，应由设计单位提出处理意见，并在钎探图中标明位置。

(3)除设计有规定的地方外，其余的均应进行地基钎探。

(4)钎探记录无结论的为不符合要求。

(5)需要处理的地基，处理方案必须经过设计单位的同意并经监理单位认可。

## ◆桩基施工记录(通用)

桩基包括预制柱、现制桩等，应按规定进行记录，附上布桩、补桩平面示意图，并注明桩编号。桩基检测应按照国家有关规定进行成桩质量检查(含混凝土强度和桩身完整性)和单桩竖向承载力的检测等。若由分承包单位承担桩基施工，完工后还应将记录移交给总包单位。

桩基施工记录(通用)表格的样式，见表8.8。

**表8.8 桩基施工记录(通用)**

编 号：______

<table>
<tr><td>工程名称</td><td colspan="3"></td><td>施工单位</td><td colspan="3"></td></tr>
<tr><td>桩基类型</td><td></td><td>孔位编号</td><td></td><td>轴线位置</td><td colspan="3"></td></tr>
<tr><td>设计桩径/mm</td><td></td><td>设计桩长/m</td><td></td><td>桩顶标高</td><td colspan="3"></td></tr>
<tr><td>钻机类型</td><td></td><td>护壁方式</td><td></td><td>泥浆密度/<br>(g·cm<sup>-3</sup>)</td><td colspan="3"></td></tr>
<tr><td>开钻时间</td><td></td><td colspan="2">年 月 日 时</td><td>终孔时间</td><td colspan="3">年 月 日 时</td></tr>
<tr><td rowspan="2">钢筋笼</td><td>笼长/m</td><td colspan="2"></td><td>主筋/mm</td><td colspan="3"></td></tr>
<tr><td>下笼时间</td><td colspan="2">·</td><td>箍筋/mm</td><td colspan="3"></td></tr>
<tr><td rowspan="2">孔深计算</td><td>钻台标高/m</td><td colspan="2"></td><td>浇筑前孔深/m</td><td></td><td rowspan="2">实际桩长/m</td><td rowspan="2"></td></tr>
<tr><td>终孔深度/m</td><td colspan="2"></td><td>沉渣厚度/mm</td><td></td></tr>
<tr><td colspan="2">混凝土设计强度等级</td><td colspan="2"></td><td>坍落度/mm</td><td colspan="3"></td></tr>
<tr><td colspan="2">混凝土理论浇筑量/m³</td><td colspan="2"></td><td>实际浇筑量/m³</td><td colspan="3"></td></tr>
<tr><td colspan="8">施工问题记录：</td></tr>
<tr><td colspan="2" rowspan="2">监理(建设)单位</td><td colspan="6">施工单位</td></tr>
<tr><td colspan="2">技术负责人</td><td colspan="2">施工员</td><td colspan="2">质检员</td></tr>
<tr><td colspan="2"></td><td colspan="2"></td><td colspan="2"></td><td colspan="2"></td></tr>
<tr><td colspan="2">记录日期</td><td colspan="6">年 月 日</td></tr>
</table>

注：本表由施工单位填写，建设单位、施工单位保存。

## ◆混凝土开盘鉴定

施工单位自供(现场搅拌)C40 以上(含 C40)混凝土时,由施工单位组织搅拌机组、混凝土试配单位、监理(建设)单位进行混凝土开盘鉴定,并填写《混凝土开盘鉴定》。共同认定试验室签发的混凝土配合比中的组成材料是否和现场所用材料一致,混凝土拌和物的性能及标养 28 天的抗压强度结果是否满足设计要求。若采用预拌 C40 以上(含 C40)混凝土,则由供应单位组织填写《混凝土开盘鉴定》。

混凝土开盘鉴定表格的样式,见表 8.9。

**表 8.9 混凝土开盘鉴定**

编号:________

<table>
<tr><td colspan="2">工程名称及部位</td><td colspan="4"></td><td colspan="2">鉴定编号</td><td colspan="2"></td></tr>
<tr><td colspan="2">施工单位</td><td colspan="4"></td><td colspan="2">搅拌方式</td><td colspan="2"></td></tr>
<tr><td colspan="2">强等级</td><td colspan="4"></td><td colspan="2">要求坍落度</td><td colspan="2"></td></tr>
<tr><td colspan="2">配合比编号</td><td colspan="4"></td><td colspan="2">试配单位</td><td colspan="2"></td></tr>
<tr><td colspan="2">水灰比</td><td colspan="4"></td><td colspan="2">砂率/%</td><td colspan="2"></td></tr>
<tr><td colspan="2">材料名称</td><td>水泥</td><td>砂</td><td>石</td><td>水</td><td colspan="2">外加剂</td><td colspan="2">掺和料</td></tr>
<tr><td colspan="2">每 1m³ 用料/kg</td><td></td><td></td><td></td><td></td><td></td><td></td><td></td><td></td></tr>
<tr><td colspan="2">调整后每盘用料/kg</td><td></td><td></td><td></td><td></td><td></td><td></td><td></td><td></td></tr>
<tr><td rowspan="4">鉴定<br>结果</td><td rowspan="2">鉴定项目</td><td colspan="4">混凝土拌和物性能</td><td colspan="2" rowspan="2">混凝土试块抗压<br>强度/MPa</td><td colspan="2" rowspan="2">原材料与申请单<br>是否相符</td></tr>
<tr><td colspan="2">坍落度/mm</td><td colspan="2">保水性</td></tr>
<tr><td>设计</td><td colspan="2"></td><td colspan="2"></td><td colspan="2" rowspan="2"></td><td colspan="2"></td></tr>
<tr><td>实测</td><td colspan="2"></td><td colspan="2"></td><td colspan="2"></td></tr>
<tr><td colspan="10">鉴定意见:</td></tr>
<tr><td colspan="2">建设(监理)单位</td><td colspan="3">混凝土试配单位负责人</td><td colspan="3">施工单位技术负责人</td><td colspan="2">搅拌机组负责人</td></tr>
<tr><td colspan="2"></td><td colspan="3"></td><td colspan="3"></td><td colspan="2"></td></tr>
<tr><td colspan="2">鉴定日期</td><td colspan="8"></td></tr>
</table>

注:本表由施工单位(或混凝土供应单位)填写并保存。

## ◆混凝土养护测温记录

若需要对混凝土进行养护测温(如大体积混凝土和冬期,高温季节混凝土施工),则可参照《混凝土养护测温记录》(表 8.10)填写,也可以根据工程实际情况或需要自行制定混凝土养护测温记录表格。

混凝土冬施养护测温应先绘制测温点布置图,包括测温点的部位和深度等。测温记录包括大气温度,各测温孔的实测温度、同一时间内测得的各侧温孔的平均温度和间隔时间等。

大体积混凝土养护测温还应附上测温点布置图，包括测温点的布置、深度等。

**表 8.10　混凝土养护测温记录**

编　号：______

| 工程名称 | | 工程部位 | |
|---|---|---|---|
| 施工单位 | | | |
| 测温方法 | | 养护方法 | |

| 测温时间 | | | 大气温度/℃ | 各测孔温度/℃ | | | | | | | | | | | | 平均温度/℃ |
|---|---|---|---|---|---|---|---|---|---|---|---|---|---|---|---|---|
| 月 | 日 | 时 | | | | | | | | | | | | | | |
| | | | | | | | | | | | | | | | | |
| | | | | | | | | | | | | | | | | |
| | | | | | | | | | | | | | | | | |
| | | | | | | | | | | | | | | | | |
| | | | | | | | | | | | | | | | | |
| | | | | | | | | | | | | | | | | |

测温点布置示意图：

| 施工负责人 | 质检员 | 测温员 |
|---|---|---|
| | | |

注：本表施工单位可参照填写并保存。

## ◆构件吊装施工记录

预制钢筋混凝土大型构件、钢结构的吊装，应填写《构件吊装施工记录》。对于大型设备的安装，应由吊装单位提供相应的记录。

构件吊装施工记录表格的样式，见表 8.11。

**表 8.11　构件吊装施工记录**

编　　号：________

| 工程名称 | | | |
|---|---|---|---|
| 施工单位 | | | |
| 吊装单位 | | 吊装构件数量 | |
| 构件名称 | | 规格型号 | |
| 安装位置 | | 吊装时间 | 年　月　日 |
| 吊装过程及质量情况简要记录： | | | |
| 发生的问题及处理结果： | | | |
| 施工负责人 | | 记录人 | |

注：本表由施工单位填写并保存。

# 【实　务】

## ◆地基钎探记录填写范例

地基钎探记录填写范例,见表8.12。

**表8.12　地基钎探记录**

编　号:×××

| 施工单位 | ××市政工程公司 | | | 工程名称 | ××市××桥梁工程 | | | |
|---|---|---|---|---|---|---|---|---|
| 套锤重 | 10 kg | 自由落距 | 50 cm | 钎径 | Φ25 | 钎探日期 | 2010年9月20日 | |
| 顺序号 | 各步锤数 | | | | | | | 备注 |
| | 0~30/cm | 31~60/cm | 61~90/cm | 91~120/cm | 121~150/cm | 151~180/cm | 181~210/cm | |
| 1 | 15 | 8 | 71 | 84 | 22 | 30 | 16 | |
| 2 | 15 | 17 | 77 | 56 | 25 | 28 | 27 | |
| 3 | 17 | 45 | 85 | 28 | 15 | 21 | 19 | |
| 4 | 16 | 42 | 42 | 97 | 36 | 19 | 25 | |
| 5 | 19 | 51 | 87 | 39 | 26 | 36 | 32 | |
| 6 | 18 | 69 | 145 | 55 | 49 | 45 | 35 | |
| 7 | 17 | 87 | 165 | 35 | 35 | 20 | 19 | |
| 8 | 16 | 50 | 60 | 33 | 28 | 25 | 25 | |
| 9 | 13 | 40 | 51 | 33 | 24 | 28 | 30 | |
| | | | | | | | | |
| | | | | | | | | |
| | | | | | | | | |
| | | | | | | | | |
| | | | | | | | | |
| | | | | | | | | |
| | | | | | | | | |
| | | | | | | | | |

| 技术负责人 | 施工员 | 质检员 | 记录人 |
|---|---|---|---|
| ××× | ××× | ××× | ××× |

注:本表由施工单位填写,城建档案馆、建设单位、施工单位保存,向城建档案馆报送、组卷。

## ◆桩基施工记录(通用)填写范例

桩基施工记录(通用)填写范例,见表 8.13。

**表 8.13　桩基施工记录(通用)**

编号:×××

<table>
<tr><td>工程名称</td><td colspan="3">××市政工程</td><td>施工单位</td><td colspan="2">××市政工程公司</td></tr>
<tr><td>桩基类型</td><td>×××</td><td>孔位编号</td><td>×××</td><td>轴线位置</td><td colspan="2">1～9/A～G</td></tr>
<tr><td>设计桩径/mm</td><td>1 200</td><td>设计桩长/m</td><td>25</td><td>桩顶标高</td><td colspan="2">-10.53</td></tr>
<tr><td>钻机类型</td><td>×××</td><td>护壁方式</td><td>×××</td><td>泥浆密度/($g\cdot cm^{-3}$)</td><td colspan="2">—</td></tr>
<tr><td>开钻时间</td><td colspan="3">2010 年 9 月 10 日 8 时</td><td>终孔时间</td><td colspan="2">2010 年 9 月 10 日 14 时</td></tr>
<tr><td rowspan="2">钢筋笼</td><td>笼长/m</td><td colspan="2">—</td><td>主筋/mm</td><td colspan="2">Φ20</td></tr>
<tr><td>下笼时间</td><td colspan="2">2010 年 9 月 10 日 16 时</td><td>箍筋/mm</td><td colspan="2">Φ15</td></tr>
<tr><td rowspan="2">孔深计算</td><td>钻台标高/m</td><td colspan="2">—</td><td>浇筑前孔深/m</td><td></td><td rowspan="2">实际桩长/m</td></tr>
<tr><td>终孔深度/m</td><td colspan="2">—</td><td>沉渣厚度/mm</td><td></td></tr>
<tr><td colspan="2">混凝土设计强度等级</td><td colspan="2">C30</td><td>坍落度/mm</td><td colspan="2">—</td></tr>
<tr><td colspan="2">混凝土理论浇筑量/$m^3$</td><td colspan="2">1.10</td><td>实际浇筑量/$m^3$</td><td colspan="2">1.15</td></tr>
<tr><td colspan="7">施工问题记录:<br><br>(略)</td></tr>
</table>

<table>
<tr><td rowspan="2">监理(建设)单位</td><td colspan="3">施工单位</td></tr>
<tr><td>技术负责人</td><td>施工员</td><td>质检员</td></tr>
<tr><td>×××</td><td>×××</td><td>×××</td><td>×××</td></tr>
<tr><td>记录日期</td><td colspan="3">2010 年 9 月 10 日</td></tr>
</table>

注:本表由施工单位填写,建设单位、施工单位保存。

### ◆混凝土开盘鉴定填写范例

混凝土开盘鉴定填写范例,见表8.14。

**表8.14　混凝土开盘鉴定**

编　号:×××

<table>
<tr><td colspan="2">工程名称及部位</td><td colspan="4">××市政工程</td><td colspan="2">鉴定编号</td><td colspan="2">×××</td></tr>
<tr><td colspan="2">施工单位</td><td colspan="4">××市政工程公司</td><td colspan="2">搅拌方式</td><td colspan="2">强制式搅拌</td></tr>
<tr><td colspan="2">强等级</td><td colspan="4">C35</td><td colspan="2">要求坍落度</td><td colspan="2">160 ~ 180 mm</td></tr>
<tr><td colspan="2">配合比编号</td><td colspan="4">×××</td><td colspan="2">试配单位</td><td colspan="2">××公司试验室</td></tr>
<tr><td colspan="2">水灰比</td><td colspan="4">0.46</td><td colspan="2">砂率/%</td><td colspan="2">42</td></tr>
<tr><td colspan="2">材料名称</td><td>水泥</td><td>砂</td><td>石</td><td>水</td><td colspan="2">外加剂</td><td colspan="2">掺和料</td></tr>
<tr><td colspan="2">每 $1m^3$ 用料/kg</td><td>323</td><td>773</td><td>1 053</td><td>180</td><td>8.7</td><td>—</td><td>91</td><td>—</td></tr>
<tr><td colspan="2">调整后每盘用料/kg</td><td>162</td><td>407</td><td>528</td><td>68</td><td>4.4</td><td>—</td><td>46</td><td>—</td></tr>
<tr><td rowspan="4">鉴定结果</td><td rowspan="2">鉴定项目</td><td colspan="4">混凝土拌和物性能</td><td colspan="2" rowspan="2">混凝土试块抗压强度/MPa</td><td colspan="2" rowspan="2">原材料与申请单是否相符</td></tr>
<tr><td colspan="3">坍落度/mm</td><td>保水性</td></tr>
<tr><td>设计</td><td colspan="3">160 ~ 180</td><td>—</td><td colspan="2" rowspan="2">42.2</td><td colspan="2" rowspan="2">相符合</td></tr>
<tr><td>实测</td><td colspan="3">170 mm</td><td>良好</td></tr>
<tr><td colspan="10">鉴定意见:<br><br>混凝土配合比中,组成材料与现场施工所用材料相符合,混凝土拌和物性能满足要求。<br>同意 C35 混凝土开盘鉴定结果,鉴定合格。</td></tr>
</table>

| 建设(监理)单位 | 混凝土试配单位负责人 | 施工单位技术负责人 | 搅拌机组负责人 |
|---|---|---|---|
| ××× | ××× | ××× | ××× |
| 鉴定日期 | 2010年4月27日 | | |

注:本表由施工单位(或混凝土供应单位)填写并保存。

## 8.3　道路、桥梁工程施工记录

## 【基　础】

### ◆沥青混凝土进场、摊铺测温记录

沥青混凝土进场、摊铺测温记录表格的样式,见表8.15。

**表 8.15　沥青混凝土进场、摊铺测温记录**

编　　号:________

| 工程名称 | | | 工程部位 | | |
|---|---|---|---|---|---|
| 施工单位 | | | | | |
| 摊铺日期 | 年　月　日 | | 环境温度/℃ | | |
| 生产厂家 | 运料车号 | 规格/数量 | 进场温度/℃ | 摊铺温度/℃ | 备注 |
| | | | | | |
| | | | | | |
| | | | | | |
| | | | | | |
| | | | | | |
| | | | | | |
| | | | | | |
| | | | | | |
| 质检员 | | | 测温人 | | |

注:本表由施工单位填写并保存。

## ◆碾压沥青混凝土测温记录

碾压沥青混凝土测温记录表格的样式,见表 8.16。

**表 8.16　碾压沥青混凝土测温记录**

编　　号:________

| 工程名称 | | | | 工程部位 | | |
|---|---|---|---|---|---|---|
| 施工单位 | | | | | | |
| 检测日期 | | 年　月　日 | | 环境温度/℃ | | |
| 时间(时/分) | 生产厂家 | 碾压段落(桩号) | 初压温度/℃ | 复压温度/℃ | 终压温度/℃ | 备注 |
| | | | | | | |
| | | | | | | |
| | | | | | | |
| | | | | | | |
| | | | | | | |
| | | | | | | |
| | | | | | | |
| | | | | | | |
| 质检员 | | | | 测温人 | | |

注:本表由施工单位填写并保存。

## ◆箱涵顶进施工记录

箱涵顶进施工记录的内容包括顶力、进尺、箱体前、中、后高程，中线左右偏差，土质变化情况等，按规定进尺检验及加密频度检测均应采用书面记录形式。箱涵顶进施工记录的表格样式，见表 8.17。

**表 8.17 箱涵顶进施工记录**

编　　号:______

| 工程名称 | | | | | | | | | | | | | |
|---|---|---|---|---|---|---|---|---|---|---|---|---|---|
| 施工单位 | | | | | | | | | | | | | |
| 箱涵断面尺寸 | | m× 　m | | | | | | | 顶进方式 | | | | |
| 千斤顶配备 | | | | | | | | | 箱体重量/t | | | | |
| 设计最大顶力/kN | | | | | | | | | 记录开始日期 | | 年　月　日 | | |
| 日期(班次) | | 进尺/cm | 高程 | | | | | | 中线 | | 顶力/kN | 土质情况 | 备注 |
| | | | 前 | | 中 | | 后 | | 左 | 右 | | | |
| | | | 设计 | 实际 | 设计 | 实际 | 设计 | 实际 | | | | | |
| 日 | 早 | | | | | | | | | | | | |
| | 中 | | | | | | | | | | | | |
| | 晚 | | | | | | | | | | | | |
| 日 | 早 | | | | | | | | | | | | |
| | 中 | | | | | | | | | | | | |
| | 晚 | | | | | | | | | | | | |
| 日 | 早 | | | | | | | | | | | | |
| | 中 | | | | | | | | | | | | |
| | 晚 | | | | | | | | | | | | |
| 日 | 早 | | | | | | | | | | | | |
| | 中 | | | | | | | | | | | | |
| | 晚 | | | | | | | | | | | | |
| 施工负责人 | | | | | 施工员 | | | | | 测量员 | | | |

注：本表由施工单位填写并保存。

# 【实　务】

## ◆沥青混凝土进场、摊铺测温记录填写范例

沥青混凝土进场、摊铺测温记录表格的样式，见表 8.18。

**表8.18　沥青混凝土进场、摊铺测温记录**

编　号:××× 

| 工程名称 | ××市××桥梁工程 | | 工程部位 | 0+215~0+250 | |
|---|---|---|---|---|---|
| 施工单位 | ××市政工程公司 | | | | |
| 摊铺日期 | 2010年9月21日 | | 环境温度/℃ | 15~21 | |
| 生产厂家 | 运料车号 | 规格/数量 | 进场温度/℃ | 摊铺温度/℃ | 备注 |
| ××沥青厂 | 04 | 26.5~31.5/20 $m^3$ | 144 | 123 | |
| ××沥青厂 | 05 | 26.5~31.5/20 $m^3$ | 143 | 124 | |
| | | | | | |
| | | | | | |
| | | | | | |
| | | | | | |
| | | | | | |
| | | | | | |
| 质检员 | ××× | | 测温人 | ××× | |

注:本表由施工单位填写并保存。

## ◆碾压沥青混凝土测温记录填写范例

碾压沥青混凝土测温记录填写范例,见表8.19。

**表8.19　碾压沥青混凝土测温记录**

编号:××× 

| 工程名称 | | ××市××桥梁工程 | | 工程部位 | 0+215~0+250 | |
|---|---|---|---|---|---|---|
| 施工单位 | | ××市政工程公司 | | | | |
| 检测日期 | | 2010年7月21日 | | 环境温度/℃ | 21~28 | |
| 时间(时/分) | 生产厂家 | 碾压段落(桩号) | 初压温度/℃ | 复压温度/℃ | 终压温度/℃ | 备注 |
| 10:00 | ××沥青厂 | 0+215~0+250 | 92 | 90 | 86 | |
| | | | | | | |
| | | | | | | |
| | | | | | | |
| | | | | | | |
| | | | | | | |
| | | | | | | |
| | | | | | | |
| 质检员 | | ××× | | 测温人 | ××× | |

注:本表由施工单位填写并保存。

# 8.4 管(隧)道工程施工记录

## 【基 础】

### ◆焊工资格备案表

从事压力管道焊接工程施工的焊工,应对焊工的资格进行审查。非锅炉压力容器考试合格的焊工不可从事压力管道及主要受力构件的焊接工作,资格审查后应填写《焊工资格备案表》。

焊工资格备案表的样式,见表8.20。

**表8.20 焊工资格备案表**

编　　号:________

| 工程名称 | |
|---|---|
| 施工单位 | |

致________________监理(建设)单位:

我单位经审查,下列焊工符合本工程的焊接资格条件,请查收备案。

| 序号 | 焊工姓名 | 焊工证书编号 | 焊工代号(钢印) | 考试合格项目代号 | 考试日期 | 备注 |
|---|---|---|---|---|---|---|
| | | | | | | |
| | | | | | | |
| | | | | | | |
| | | | | | | |
| | | | | | | |
| 施工单位部门负责人 | | | 项目经理 | 填表人 | 填表日期 | |
| | | | | | 年　月　日 | |

注:1. 本表由施工单位填写,监理(建设)单位、施工单位保存。

2. 本表应附焊工证书复印件。

### ◆焊缝综合质量记录

焊缝综合质量记录主要是对焊缝质量进行检查,包括焊缝(焊口)编号、焊工代号,按《现场设备、工业管道焊接工程施工及验收规范》(GB 50236—1998)规范要求汇总记录每道焊缝的外观测量、焊缝无损检测结果,按照最低质量等级进行焊接质量综合评价,填写《焊缝综合质量记录》。

《焊缝综合质量记录》和《焊缝排位记录及示意图》是配套使用的记录表格。

焊缝综合质量记录表格的样式,见表8.21。焊缝排位记录及示意图表格的样式,见表8.22。

**表 8.21　焊缝综合质量记录**

编　　号:________

| 工程名称 | | | | | | | | |
|---|---|---|---|---|---|---|---|---|
| 施工单位 | | | | | | | | |
| 工程部位或起止桩号 | | | | | 要求焊缝等级 | | | |
| 序号 | 焊缝编号 | 焊工代号 | 焊接日期 | 外观质量 | 内部质量等级 | | 焊缝质量综合评价 | 备注 |
| | | | | | 射线 | 超声 | | |
| | | | | | | | | |
| | | | | | | | | |
| | | | | | | | | |
| | | | | | | | | |
| | | | | | | | | |
| | | | | | | | | |

综合说明:

| 负责人 | 施工员 | 质检员 | 填表日期 |
|---|---|---|---|
| | | | 年　月　日 |

注:本表由施工单位填写,城建档案馆、建设单位、施工单位保存,向城建档案馆报送、组卷。

**表 8.22　焊缝排位记录及示意图**

编　　号:________

| 工程名称 | | | |
|---|---|---|---|
| 施工单位 | | | |
| 施工桩号 | | 绘图日期 | 年　月　日 |

示意图:应表示出桩号(部位)、焊缝相对位置及焊缝编号

| 焊缝编号 | 桩号(部位) | 焊工代号 | 备注 | 焊缝编号 | 桩号(部位) | 焊工代号 | 备注 |
|---|---|---|---|---|---|---|---|
| | | | | | | | |
| | | | | | | | |
| | | | | | | | |
| | | | | | | | |
| | | | | | | | |
| 负责人 | | | 施工员 | | | 绘图人 | |

注:本表由施工单位填写,城建档案馆、建设单位、施工单位保存,向城建档案馆报送、组卷。

## ◆聚乙烯管道连接记录

使用全自动焊机或非热熔焊接时，焊接过程的参数可不记录；全自动、电熔焊机以焊机打印的记录为准。聚乙烯管道连接记录表格的样式，见表 8.23。表中，$P_0$—— 拖动压力；$P_1$—— 接缝压力；$P_2$—— 吸热压力；$P_3$—— 冷却压力。

连接工作完成后应填写《聚乙烯管道连接工作汇总表》，见表 8.24。

**表 8.23 聚乙烯管道连接记录**

编　号：________

| 工程名称 | | | | 工程编号 | |
|---|---|---|---|---|---|
| 施工单位 | | | | 单位代码 | |
| 连接方法 | □热熔；□电熔；□其他 | | | 接口形式 | |
| 管道材质 | | 管道生产厂家 | | 标准尺寸比(SDR) | |
| 机具编号 | | 施工单位(桩号) | | | |

| 焊口编号 | 焊工证号 | 连接时间(月/日) | 规格(De) | 环境温度/℃ | 热板温度/℃ | 压力/bar | | | | 焊环尺寸/mm | | 备注 |
|---|---|---|---|---|---|---|---|---|---|---|---|---|
| | | | | | | $P_0$ | $P_1$ | $P_2$ | $P_3$ | 宽 | 高 | |
| | | | | | | | | | | | | |
| | | | | | | | | | | | | |
| | | | | | | | | | | | | |
| | | | | | | | | | | | | |
| | | | | | | | | | | | | |
| | | | | | | | | | | | | |
| | | | | | | | | | | | | |

管材、管件检查情况：

外观：　　　　　　　　　　圆度：

| 质检员 | 施工员 | 填表人 |
|---|---|---|
| | | |

注：本表由施工单位填写，建设单位、施工单位保存。

**表 8.24　聚乙烯管道连接工作汇总表**

编　　号:________

| 工程名称 | | | | 工程编号 | |
|---|---|---|---|---|---|
| 施工单位 | | | | 施工单位代码 | |
| 施工日期 | 年　月　日至　年　月　日 | | | | |
| 一、工程概况 | | | | | |
| 管线总长/m | | 压力等级 | | 宏观照片数 | |
| 焊口总数 | 个(其中:电熔焊口数　个;热熔焊口数　个) | | | | |
| 二、操作人员情况 | | | | | |
| 姓名 | | | | | |
| 焊工证号 | | | | | |
| 三、施工机具 | | | | | |
| 机具编号 | | | | | |
| 品牌 | | | | | |
| 规格 | | | | | |
| 校验证书编号 | | | | | |
| 四、管材情况 | | | | | |
| 规格(De) | | 管道材质 | | 存放时间 | 个月 |
| 五、管件情况 | | | | | |
| 管件名称 | 电溶管件 | 钢塑接头 | 弯头 | 阀门 | |
| 规格(De) | | | | | |
| 数量 | | | | | |
| 存放时间/月 | | | | | |
| 其他说明: | | | | | |

| 监理(建设单位) | 施工单位 | |
|---|---|---|
| | 技术负责人 | 填表人 |
| | | |

注:本表由施工单位填写,城建档案馆、建设单位、施工单位保存。

## ◆钢管变形检查记录

钢管变形检查记录表格样式,见表8.25。

**表8.25 钢管变形检查记录**

编　号:______

| 工程名称 | | | | | |
|---|---|---|---|---|---|
| 施工单位 | | | | | |
| 测点位置 | 公称直径/mm | 标准内径($D_i$) | 实竖向内径($D$) | 竖向变形值/% | 备　注 |
| | | | | | |
| | | | | | |
| | | | | | |
| | | | | | |

检查结论:□合　格

□不合格

日期　　年　　月　　日

| 监理(建设单位) | 施工单位 | |
|---|---|---|
| | 技术负责人 | 填表人 |
| | | |

注:本表由施工单位填写,建设单位、施工单位保存。

## ◆隧道支护施工记录

隧道初期支护施工时,应检查格栅的桩号部位、中线、间距、标高、线状况、混凝土强度等级、喷射混凝土厚度等情况,并做好记录。

隧道支护施工记录表格样式,见表8.26。

**表8.26 隧道支护施工记录**

编　号:______

| 工程名称 | | | | | | | | | | |
|---|---|---|---|---|---|---|---|---|---|---|
| 施工单位 | | | | | | 施工日期 | 年　月　日 | | | |
| 序号 | 桩号 | 施工部位 | 围岩状况 | 格栅间距/mm | 中线偏差/mm | 高程偏差/mm | 格栅连接状况 | 喷混凝土厚度/cm | 混凝土强度等级 | 班次 |
| | | | | | | | | | | |
| | | | | | | | | | | |
| | | | | | | | | | | |

| 监理(建设单位) | 施工单位 | | |
|---|---|---|---|
| | 技术负责人 | 施工员 | 质检员 |
| | | | |

注:本表由施工单位填写并保存。

## ◆注浆检查记录

顶管、浅埋暗挖等施工需要进行注浆时，在施工完毕之后，按照要求进行注浆填充，并填写注浆检查记录。记录内容有注浆位置（桩号）、注浆压力、注入材料量、饱满程度等。

注浆检查记录表的样式，见表 8.27。

**表 8.27　注浆检查记录**

编　　号：________

| 工程名称 | | | | | |
|---|---|---|---|---|---|
| 施工单位 | | | | | |
| 注浆材料 | | | | 注浆设备型号 | |
| 注浆位置 | 注浆日期 | 注浆压力/MPa | 注入材料量/kg | 饱满情况 | 备注 |
| | | | | | |
| | | | | | |
| | | | | | |
| | | | | | |
| | | | | | |
| | | | | | |
| | | | | | |
| | | | | | |

其他说明：

| 监理（建设单位） | 施工单位 | | |
|---|---|---|---|
| | 技术负责人 | 施工员 | 质检员 |
| | | | |

注：本表由施工单位填写并保存。

# 【实　　务】

## ◆焊工资格备案表填写范例

焊工资格备案表的样式,见表 8.28。

**表 8.28　焊工资格备案表**

编　　号:×××

| 工程名称 | ××市××管道工程 |
|---|---|
| 施工单位 | ××市政工程公司 |

致　××监理公司　监理(建设)单位:

我单位经审查,下列焊工符合本工程的焊接资格条件,请查收备案。

| 序号 | 焊工姓名 | 焊工证书编号 | 焊工代号(钢印) | 考试合格项目代号 | 考试日期 | 备注 |
|---|---|---|---|---|---|---|
| 1 | 张×× | ××-×××× | 11 | Ⅰ | 2005-10 | |
| 2 | 赵×× | ××-×××× | 13 | Ⅱ | 2005-10 | |
| 施工单位部门负责人 | | | 项目经理 | 填表人 | 填表日期 | |
| ××× | | | ××× | ××× | 2010 年 5 月 12 日 | |

注:1. 本表由施工单位填写,监理(建设)单位、施工单位保存。

2. 本表应附焊工证书复印件。

## ◆钢管变形检查记录填写范例

钢管变形检查记录填写范例,见表 8.29。

**表 8.29　钢管变形检查记录**

编　　号:×××

| 工程名称 | ××市××管道工程 | | | | |
|---|---|---|---|---|---|
| 施工单位 | ××市政工程公司 | | | | |
| 测点位置 | 公称直径/mm | 标准内径($D_i$) | 实竖向内径($D$) | 竖向变形值/% | 备　注 |
| 0+215.5 | 150 | 196 | 196 | 0 | |
| 0+250.5 | 200 | 150 | 150 | 0 | |

检查结论:☑合　格

☐不合格

日期:2010 年 7 月 1 日

| 监理(建设单位) | 施工单位 | |
|---|---|---|
| | 技术负责人 | 填表人 |
| ××× | ××× | ××× |

注:本表由施工单位填写,建设单位、施工单位保存。

## ◆注浆检查记录填写范例

注浆检查记录填写范例见表 8.30。

**表 8.30　注浆检查记录**

编　　号:×××

| 工程名称 | ××市××隧道工程 | | | | |
|---|---|---|---|---|---|
| 施工单位 | ××市政工程公司 | | | | |
| 注浆材料 | | | | 注浆设备型号 | |
| 注浆位置 | 注浆日期 | 注浆压力/MPa | 注入材料量/kg | 饱满情况 | 备注 |
| 0+215.5 | 2010-07-10 | 0.5 | 120 | 饱满 | |
| | | | | | |
| | | | | | |
| | | | | | |

其他说明:

（无）

| 监理(建设单位) | 施工单位 | | |
|---|---|---|---|
| | 技术负责人 | 施工员 | 质检员 |
| ××× | ××× | ××× | ××× |

注:本表由施工单位填写并保存。

## ◆隧道支护施工记录填写范例

隧道支护施工记录填写范例,见表 8.31。

**表 8.31　隧道支护施工记录**

编　　号:×××

| 工程名称 | | ××市××隧道工程 | | | | | | | | |
|---|---|---|---|---|---|---|---|---|---|---|
| 施工单位 | | ××市政工程公司 | | | 施工日期 | 2010 年 7 月 14 日 | | | | |
| 序号 | 桩号 | 施工部位 | 围岩状况 | 格栅间距/mm | 中线偏差/mm | 高程偏差/mm | 格栅连接状况 | 喷混凝土厚度/cm | 混凝土强度等级 | 班次 |
| 1 | ××× | | 良好 | 50 | 4 | 3 | 正常 | 4 | C35 | 1 |
| | | | | | | | | | | |
| | | | | | | | | | | |
| | | | | | | | | | | |

| 监理(建设单位) | 施工单位 | | |
|---|---|---|---|
| | 技术负责人 | 施工员 | 质检员 |
| ××× | ××× | ××× | ××× |

注:本表由施工单位填写并保存。

# 8.5　厂(场)、站工程施工记录

## 【基　础】

### ◆设备基础检查验收记录

设备安装前应对设备基础的混凝土强度及外观质量进行检查,并对设备基础的纵、横线进行复核,对设备基础的外形尺寸、水平度、垂直度、预埋地脚螺栓、地脚螺栓孔、预埋栓板以及锅炉设备基础立柱的相邻位置、四立柱间的对角线等进行量测,并附基础示意图,填写《设备基础检查验收记录》。

设备基础检查验收记录表格样式,见表 8.32。

**表 8.32　设备基础检查验收记录**

编　　号:________

| 工程名称 | | 设备名称 | | |
|---|---|---|---|---|
| 基础施工单位 | | 设备位号 | | |
| 设备安装单位 | | 验收日期 | | 年　月　日 |
| 检查项目 | | 设计要求/mm | 允许偏差/mm | 实测偏差/mm |
| 1 | 混凝土强度/MPa | | | |
| 2 | 外观检查(表面平整度、裂缝、孔洞、蜂窝、麻面、露筋) | | | |
| 3 | 基础位置(纵、横轴线) | | | |
| 4 | 基础顶面标高 | | | |
| 5 | 外形尺寸:基础上平面外形尺寸<br>凸台上平面外形尺寸<br>凹穴尺寸 | | | |
| 6 | 基础上平面的水平度<br>(包括地坪上需安装设备的部位):每米<br>全长 | | | |
| 7 | 垂直度 | | | |
| 8 | 预埋地脚螺栓:标高(顶端)<br>中心距(在根部和顶部处测量) | | | |
| 9 | 预埋地脚螺栓孔:中心位置<br>深度<br>孔壁的铅垂度(全深) | | | |
| 10 | 预埋地脚螺栓锚板:<br>标高<br>中心位置<br>水平度(带槽的锚板)(每米)<br>水平度(带螺纹孔的锚板)(每米) | | | |

**续表 8.32**

| | | | | | |
|---|---|---|---|---|---|
| 11 | 锅炉 | 相应两柱子定位中心线的间距 | | | |
| 12 | | 各组对称四根柱子定位中心点的两对角线长度之差 | | | |
| 说明： | | | 附基础示意图： | | |

结论：

□合格　　　　□不合格

| 监理（建设单位） | 基础施工单位 | | 设备安装单位 | |
|---|---|---|---|---|
| | 施工负责人 | 质检员 | 施工负责人 | 质检员 |
| | | | | |

注：本表由安装单位填写，城建档案馆、建设单位、施工单位保存，向城建档案馆报送、组卷。

## ◆设备安装检查记录（通用）

给水、污水处理、燃气、供热、轨道交通、垃圾卫生填埋厂（场）、站中使用的通用设备安装均可采用表 8.33。在安装过程中，检查设备的标高、中心线位置、垂直度、纵横向水平度以及设备固定的形式，使其符合设计要求，达到质量标准。

设备安装检查记录（通用）表格样式，见表 8.33。

**表 8.33　设备安装检查记录（通用）**

编　　号：________

| 工程名称 | | | | | |
|---|---|---|---|---|---|
| 施工单位 | | | | | |
| 安装部位 | | | | | |
| 设备名称 | | | | 设备位号 | |
| 安装单位 | | 执行标准 | | 检查日期 | 年　月　日 |
| 主要检查项目 | | | 设计要求 | 允许偏差/mm | 实测偏差/mm |
| 标高 | | | | | |
| 中线位置 | 纵向 | | | | |
| | 横向 | | | | |
| 垂直度/$(mm \cdot m^{-1})$ | | | | | |
| 水平度 | 纵向 | | | | |
| | 横向 | | | | |
| 设备固定 | 固定方式 | | | | |
| | 设备垫铁安装 | | | | |
| | | | | | |

续表 8.33

| 说明： | | | |
|---|---|---|---|
| 综合结论：<br>□合　格<br>□不合格 | | | |
| 监理(建设)单位 | 施工单位 | | |
| | 技术负责人 | 施工员 | 质检员 |
| | | | |

注：本表由施工单位填写，建设单位、施工单位保存。

## ◆容器安装检查记录

容器(箱罐)安装前需进行基础检查和容器严密性试验，安装中还应对容器安装的标高、中心线、垂直度、水平度、接口方向以及液位计、温度计、压力表、安全泄放装置、水位调节装置、取样 D 位置、内部防腐层、二次灌浆等内容进行检查并做好记录。

容器安装检查记录表的样式，见表 8.34。

表 8.34　容器安装检查记录

编　号：________

| 工程名称 | | | | | |
|---|---|---|---|---|---|
| 施工单位 | | | | 容器名称 | |
| 规格型号 | | 位号 | | 检查日期 | 年　月　日 |
| 主要检查项目 | | 主要技术要求 | | | 检查结果 |
| 基础检查 | 带腿容器 | 表面平整、无裂纹和疏松 | | | |
| | 平底容器 | 砂浆找平、符合设计要求 | | | |
| 严密性试验 | 压力容器 | 符合“容规”等规定要求 | | | |
| | 压力水箱 | 无渗漏(1.25 P,10 min) | | | |
| | 无压水箱 | 无渗漏(灌水,24 h) | | | |
| 箱、罐安装 | 标高偏差 | ±10 mm | | | |
| | 中心线偏差 | ≤10 mm | | | |
| | 垂直度偏差 | ≤2 mm/m | | | |
| | 水平度偏差 | ≤2 mm/m | | | |
| | 接口方向 | 符合图纸要求 | | | |
| | 液位计、温度计 | 零件齐全、无渗漏 | | | |

续表8.34

| 主要检查项目 | | 主要技术要求 | 检查结果 |
| --- | --- | --- | --- |
| 箱、罐安装 | 压力表 | 安装齐全、在有效期内 | |
| | 安全泄放装置(无压罐不得安装) | 已校验、铅封齐全 | |
| | 水位调节装置 | 动作灵活、无渗漏 | |
| | 取样管 | 畅通、位置正确 | |
| | 内部防腐层 | 完整、符合设计要求 | |
| | 二次灌浆 | 符合图纸及标准要求 | |

有关说明：

综合结论：

□合　格

□不合格

| 监理(建设)单位 | 施工单位 | | |
| --- | --- | --- | --- |
| | 技术负责人 | 施工员 | 质检员 |
| | | | |

注：本表由施工单位填写，建设单位、施工单位保存。

## ◆燃烧器及燃料管道安装记录

燃烧器及燃料管道安装时,应填写《燃烧器及燃料管道安装记录》。

燃烧器及燃料管道安装记录表格的样式,见表 8.35。

**表 8.35 燃烧器及燃料管道安装记录**

编　号:________

| 工程名称 | | | | | |
|---|---|---|---|---|---|
| 施工单位 | | | | | |
| 规格型号 | | 位号 | | 检查日期 | 年　月　日 |
| 序号 | 项目 | 要求 | 实际 | 备注 | |
| 1 | 燃烧器的标高偏差 | ±5 mm | | | |
| | 各燃烧器之间的距离偏差 | ±3 mm | | | |
| | 调风装置调节是否灵活 | 灵活 | | | |
| | 燃烧器装卸是否方便 | 方便 | | | |
| 2 | 室内油箱总容积 | $\leqslant 1\ m^3$ | | | |
| | 油位计种类 | 非玻璃 | | | |
| | 室内油箱是否装设紧急排放管 | 装设 | | 引至安全地点 | |
| | 室内油箱是否装设通风管 | 装设 | | 应装设阻燃器 | |
| 3 | 每台锅炉供油干线上是否有关闭阀和快速切断阀 | 装设 | | | |
| | 每个燃烧器前的燃油支管上是否有关闭阀 | 装设 | | | |
| | 每台锅炉的回油管上是否有止回阀 | 装设 | | | |

其他说明:

| 监理(建设)单位 | 施工单位 | | |
|---|---|---|---|
| | 技术负责人 | 施工员 | 质检员 |
| | | | |

注:本表由施工单位填写,建设单位、施工单位保存。

## ◆加药、加氯工艺系统调试记录

厂(站)加药、加氯工程达到基本交验条件时,水处理工艺系统调试后,由监理单位组织,施工(安装)单位进行,必要时还应请建设单位和设计单位派代表参加。对加药、加氯工艺系统进行调试,由施工单位填写《加药、加氯工艺系统调试记录》。

加药、加氯工艺系统调试记录表格的样式,见表8.36。

**表8.36 加药、加氯工艺系统调试记录**

编 号:________

| 工程名称 | |
|---|---|
| 施工单位 | |
| 安装单位 | |
| 处理工艺 | |

调试过程记录:

| 水质化验 | |
|---|---|
| 远方/就地转换开关 | |
| 输入流量信号 | |
| 输入余氯信号 | |
| 氯气流量信号输出 | |
| 瓶重报警信号 | |
| 加氯阀门 | |
| 余氯分析仪 | |
| 氯气检测器 | |
| 通风 | |

综合结论:

□合 格

□不合格

| 监理(建设单位) | 施工单位 | 安装单位 |
|---|---|---|
| | | |

注:本表由施工单位填写,建设单位、施工单位保存。

## ◆水处理工艺管线验收记录

水处理工艺管线工程完成后,由监理(建设)单位组织,设计单位、施工(安装)单位等进行水处理工艺管线验收。

水处理工艺管线验收记录表格的样式,见表8.37。

**表 8.37　水处理工艺管线验收记录**

编　　号:________

| 工程名称 | | | |
|---|---|---|---|
| 施工单位 | | | |
| 安装单位 | | | |
| 管线类别 | | | |
| 资料审查 | 1 | 施工图纸、设计文件、设计变更文件 | |
| | 2 | 主要材料合格证或试验记录 | |
| | 3 | 施工测量记录 | |
| | 4 | 焊接、水密性、气密性试验记录 | |
| | 5 | 吹扫、清洗记录 | |
| | 6 | 施工记录 | |
| | 7 | 中间验收记录 | |
| | 8 | 工程质量事故处理记录 | |
| | 9 | 回填土压实度检验记录 | |
| 复验 | 1 | 管道的位置及高程 | |
| | 2 | 管道及附属构筑物的断面尺寸 | |
| | 3 | 管道配件安装的位置和数量 | |
| | 4 | 管道的冲洗及消毒等 | |
| | 5 | | |
| 外观情况 | | | |
| 备　　注 | | | |

综合结论:

□合　格

□不合格

| 监理(建设单位) | 施工单位 | 安装单位 |
|---|---|---|
| | | |

注:本表由施工单位填写,建设单位、施工单位保存。

# 【实 务】

## ◆设备安装检查记录(通用)填写范例

设备安装检查记录(通用)填写范例,见表8.38。

**表8.38 设备安装检查记录(通用)**

编 号:×××

| 工程名称 | ××市××设备安装工程 | | | | |
|---|---|---|---|---|---|
| 施工单位 | ××市政工程公司 | | | | |
| 安装部位 | ××× | | | | |
| 设备名称 | ××× | | | 设备位号 | ××× |
| 安装单位 | ××× | 执行标准 | ××× | 检查日期 | 2010年9月1日 |
| 主要检查项目 | | 设计要求 | | 允许偏差/mm | 实测偏差/mm |
| 标高 | | | | 5 | 2 |
| 中线位置 | 纵向 | | | 5 | 1 |
| | 横向 | | | 5 | 1 |
| 垂直度/$(mm\cdot m^{-1})$ | | | | 5 | 2 |
| 水平度 | 纵向 | | | 5 | 1 |
| | 横向 | | | 5 | 2 |
| 设备固定 | 固定方式 | | | | 设备基础 |
| | 设备垫铁安装 | | | | 焊接 |
| | | | | | |

说明:

综合结论:

☑合 格

☐不合格

| 监理(建设)单位 | 施工单位 | | |
|---|---|---|---|
| | 技术负责人 | 施工员 | 质检员 |
| ××× | ××× | ××× | ××× |

注:本表由施工单位填写,建设单位、施工单位保存。

## ◆容器安装检查记录填写范例

容器安装检查记录填写范例,见表8.39。

**表8.39 容器安装检查记录**

编号:×××

| 工程名称 | ××市政工程 | | | | |
|---|---|---|---|---|---|
| 施工单位 | ××市政工程公司 | | | 容器名称 | ××× |
| 规格型号 | ××× | 位号 | ××× | 检查日期 | 2010-10-25 |
| 主要检查项目 | | | 主要技术要求 | | 检查结果 |
| 基础检查 | 带腿容器 | | 表面平整、无裂纹和疏松 | | 符合要求 |
| | 平底容器 | | 砂浆找平、符合设计要求 | | 符合要求 |
| 严密性试验 | 压力容器 | | 符合“容规”等规定要求 | | 符合要求 |
| | 压力水箱 | | 无渗漏(1.25 P,10 min) | | 合格 |
| | 无压水箱 | | 无渗漏(灌水,24 h) | | 合格 |
| 箱、罐安装 | 标高偏差 | | ±10 mm | | 合格 |
| | 中心线偏差 | | ≤10 mm | | 合格 |
| | 垂直度偏差 | | ≤2 mm/m | | 合格 |
| | 水平度偏差 | | ≤2 mm/m | | 合格 |
| | 接口方向 | | 符合图纸要求 | | 符合要求 |
| | 液位计、温度计 | | 零件齐全、无渗漏 | | 符合要求 |
| | 压力表 | | 安装齐全、在有效期内 | | 符合要求 |
| | 安全泄放装置(无压罐不得安装) | | 已校验、铅封齐全 | | 符合要求 |
| | 水位调节装置 | | 动作灵活、无渗漏 | | 符合要求 |
| | 取样管 | | 畅通、位置正确 | | 符合要求 |
| | 内部防腐层 | | 完整、符合设计要求 | | 符合要求 |
| | 二次灌浆 | | 符合图纸及标准要求 | | 符合要求 |

有关说明:

综合结论:

☑合　格

☐不合格

| 监理(建设)单位 | 施工单位 | | |
|---|---|---|---|
| | 技术负责人 | 施工员 | 质检员 |
| ××× | ××× | ××× | ××× |

注:本表由施工单位填写,建设单位、施工单位保存。

## ◆燃烧器及燃料管道安装记录填写范例

燃烧器及燃料管道安装记录填写范例,见表 8.40。

**表 8.40　燃烧器及燃料管道安装记录**

编　　号:×××

<table>
<tr><td>工程名称</td><td colspan="5">××市政工程</td></tr>
<tr><td>施工单位</td><td colspan="5">××市政工程公司</td></tr>
<tr><td>规格型号</td><td>×××</td><td>位号</td><td>×××</td><td>检查日期</td><td>2010-10-15</td></tr>
<tr><td>序号</td><td colspan="2">项目</td><td>要求</td><td>实际</td><td>备注</td></tr>
<tr><td rowspan="4">1</td><td colspan="2">燃烧器的标高偏差</td><td>±5 mm</td><td>±3 mm</td><td></td></tr>
<tr><td colspan="2">各燃烧器之间的距离偏差</td><td>±3 mm</td><td>±2 mm</td><td></td></tr>
<tr><td colspan="2">调风装置调节是否灵活</td><td>灵活</td><td>符合要求</td><td></td></tr>
<tr><td colspan="2">燃烧器装卸是否方便</td><td>方便</td><td>符合要求</td><td></td></tr>
<tr><td rowspan="4">2</td><td colspan="2">室内油箱总容积</td><td>≤1 m³</td><td>合格</td><td></td></tr>
<tr><td colspan="2">油位计种类</td><td>非玻璃</td><td>符合要求</td><td></td></tr>
<tr><td colspan="2">室内油箱是否装设紧急排放管</td><td>装设</td><td>符合要求</td><td>引至安全地点</td></tr>
<tr><td colspan="2">室内油箱是否装设通风管</td><td>装设</td><td>符合要求</td><td>应装设阻燃器</td></tr>
<tr><td rowspan="3">3</td><td colspan="2">每台锅炉供油干线上是否有关闭阀和快速切断阀</td><td>装设</td><td>符合要求</td><td></td></tr>
<tr><td colspan="2">每个燃烧器前的燃油支管上是否有关闭阀</td><td>装设</td><td>符合要求</td><td></td></tr>
<tr><td colspan="2">每台锅炉的回油管上是否有止回阀</td><td>装设</td><td>符合要求</td><td></td></tr>
<tr><td colspan="6">其他说明:</td></tr>
</table>

<table>
<tr><td rowspan="2">监理(建设)单位</td><td colspan="3">施工单位</td></tr>
<tr><td>技术负责人</td><td>施工员</td><td>质检员</td></tr>
<tr><td>×××</td><td>×××</td><td>×××</td><td>×××</td></tr>
</table>

注:本表由施工单位填写,建设单位、施工单位保存。

## ◆加药、加氯工艺系统调试记录填写范例

加药、加氯工艺系统调试记录填写范例，见表8.41。

**表8.41　加药、加氯工艺系统调试记录**

编　　号：×××

| 工程名称 | ××市政工程 |
|---|---|
| 施工单位 | ××市政工程公司 |
| 安装单位 | ××设备安装公司 |
| 处理工艺 | — |

调试过程记录：

| 水质化验 | 合格 |
|---|---|
| 远方/就地转换开关 | 正常 |
| 输入流量信号 | — |
| 输入余氯信号 | — |
| 氯气流量信号输出 | 正常 |
| 瓶重报警信号 | — |
| 加氯阀门 | 开启 |
| 余氯分析仪 | 正常 |
| 氯气检测器 | 正常 |
| 通风 | 良好 |

综合结论：

☑合　格

☐不合格

| 监理（建设单位） | 施工单位 | 安装单位 |
|---|---|---|
| ××× | ××× | ××× |

注：本表由施工单位填写，建设单位、施工单位保存。

# 8.6　电气安装工程施工记录

## 【基　础】

### ◆电缆敷设检查记录

电缆敷设检查记录表格样式,见表 8.42。

表 8.42　电缆敷设检查记录

编　号:______

| 工程名称 | | | 部位工程 | | |
|---|---|---|---|---|---|
| 施工单位 | | | 敷设方式 | | |
| 检查日期 | 年　月　日 | | 天气情况 | 气温/℃ | |
| 电缆编号 | 起点 | 终点 | 规格型号 | 用途 | |
| | | | | | |
| | | | | | |
| | | | | | |

| 序号 | 检查项目及要求 | 检查结果 |
|---|---|---|
| 1 | 电缆规格符合设计规定,排列整齐,无机械损伤,标志牌齐全、正确、清晰 | |
| 2 | 电缆的固定、弯曲半径、有关距离和单芯电力电缆的相序排列符合要求 | |
| 3 | 电缆终端、电缆接头、安装牢固,相色正确 | |
| 4 | 电缆金属保护层、铠装、金属屏蔽层接地良好 | |
| 5 | 电缆沟内无杂物,盖板齐全,隧道内无杂物,照明、通风排水等符合设计要求 | |
| 6 | 直埋电缆路径标志应与实际路径相符,标志应清晰牢固、间距适当 | |
| 7 | 电缆桥架接地符合标准要求 | |

| 监理(建设)单位 | 施工单位 | | |
|---|---|---|---|
| | 技术负责人 | 施工员 | 质检员 |
| | | | |

注:本表由施工单位填写,建设单位、施工单位保存。

### ◆电气照明装置安装检查记录

对电气照明装置的配电箱(盘)、配线、开关、插座、各种灯具、风扇等安装工艺及质量按《建筑电气工程施工质量验收规范》(GB 50303—2002)要求进行检查,并填写《电气照明装置安装检查记录》。

电气照明装置安装检查记录表格样式,见表 8.43。

表 8.43 电气照明装置安装检查记录

编 号:______

| 工程名称 | | 部位工程 | |
|---|---|---|---|
| 施工单位 | | 检查日期 | 年 月 日 |
| 序号 | 检查项目及要求 | | 检查结果 |
| 1 | 照明配电箱(盘)安装 | | |
| 2 | 电线、电缆导管和线槽敷设 | | |
| 3 | 电线、电缆导管穿线和线槽敷线 | | |
| 4 | 普通灯具安装 | | |
| 5 | 专用灯具安装 | | |
| 6 | 建筑物景观照明灯,航空障碍标志灯和庭院灯安装 | | |
| 7 | 开关、插座、风扇安装 | | |
| 8 | | | |
| 9 | | | |
| 10 | | | |
| 11 | | | |
| 12 | | | |
| 13 | | | |

| 监理(建设)单位 | 施工单位 | | |
|---|---|---|---|
| | 技术负责人 | 施工员 | 质检员 |
| | | | |

注:本表由施工单位填写,建设单位、施工单位保存。

## ◆盘、柜安装及二次结线检查记录

盘、柜安装及二次结线检查记录是指对盘、柜安装及二次结线安装工艺及质量进行查检,主要内容有盘、柜及基础型钢安装偏差,盘、柜固定及接地状况,盘、柜内电器元件、电气接线、柜内一次设备安装等及电气试验结果是否符合规范要求。

盘、柜安装及二次结线检查记录表格样式,见表 8.44。

表 8.44 盘、柜安装及二次结线检查记录

编 号:______

| 工程名称 | | | | | |
|---|---|---|---|---|---|
| 部位工程 | | | 安装地点 | | |
| 施工单位 | | | | | |
| 盘、柜名称 | | | 出厂编号 | | |
| 序列编号 | | 额定电压/V | | 安装数量 | |
| 生产厂 | | | 检查日期 | 年 月 日 | |

续表 8.44

| 序号 | 检查项目及要求 | 检查结果 |
|---|---|---|
| 1 | 盘柜安装位置正确,符合设计要求,偏差符合国家现行规范要求 | |
| 2 | 基础型钢安装偏差符合设计及规范要求 | |
| 3 | 盘柜的固定及接地应可靠,漆层应完好,清洁整齐 | |
| 4 | 盘柜内所装电器元件应符合设计要求,安装位置正确,固定牢固 | |
| 5 | 二次回路接线应正确,连接可靠,回路编号标志齐全清晰,绝缘符合要求 | |
| 6 | 手车或抽屉式开关柜在推入或拉出时应灵活,机械闭锁可靠 | |
| 7 | 柜内一次设备安装质量符合国家现行有关标准规范的规定 | |
| 8 | 操作及联动试验正确符合设计要求 | |
| 9 | 按国家现行规范进行的所有电气试验全部合格 | |
| 10 | | |

| 监理(建设)单位 | 施工单位 | | |
|---|---|---|---|
| | 技术负责人 | 施工员 | 质检员 |
| | | | |

注:本表由施工单位填写,建设单位、施工单位保存。

## ◆起重机电气安装检查记录

起重机电气安装检查记录是为了检查起重机电气安装质量,主要包括滑接线及滑接器、悬吊式软电缆、配线、控制器、限位器、安全保护装置、制动装置、撞杆、照明装置、轨道接地、电气设备及线路的绝缘电阻测试等。

起重机电气安装检查记录表格样式,见表 8.45。

表 8.45　起重机电气安装检查记录

编　号:________

| 工程名称 | | | | | |
|---|---|---|---|---|---|
| 部位工程 | | | | | |
| 施工单位 | | | | | |
| 检查日期 | | | | | |
| 设备型号 | | 额定数据 | | 安装地点 | |
| 序号 | 检查项目及要求 | | | | 检查结果 |
| 1 | 滑接线及滑接器安装符合设计规范要求 | | | | |
| 2 | 安全式滑接线及滑接器安装符合设计及规范要求 | | | | |
| 3 | 悬吊式软电缆安装符合设计及规范要求 | | | | |
| 4 | 配线安装符合产品及规范要求 | | | | |
| 5 | 控制箱(柜)、控制器、限位器、制动装置及撞杆安装等符合产品及规范要求 | | | | |
| 6 | 轨道接地良好符合设计及规范要求 | | | | |
| 7 | 电气设备和线路绝缘电阻测试 | | | | |

续表 8.45

| 序号 | 检查项目及要求 | | | 检查结果 |
|---|---|---|---|---|
| 8 | 照明装置安装符合产品及规范要求 | | | |
| 9 | 安全保护装置、制动装置经模拟试验和调整完毕，校验合格。声光信号装置显示正确，清晰可靠 | | | |
| 10 | | | | |
| 监理(建设)单位 | 施工单位 | | | |
| | 技术负责人 | 施工员 | 质检员 | |
| | | | | |

注：本表由施工单位填写，建设单位、施工单位保存。

## ◆自动扶梯安装前检查记录

自动扶梯安装应根据设计要求检查记录安装条件，主要包括机房宽度、深度，支承宽度、长度，中间支承强度、支承水平间距，扶梯提升高度，支承预埋铁尺寸，提升设备搬运的连接附件等。

自动扶梯安装前检查记录表格样式，见表 8.46。

表 8.46　自动扶梯安装前检查记录

编　　号：________

| 工程名称 | | | | | |
|---|---|---|---|---|---|
| 施工单位 | | | | | |
| 安装单位 | | | | | |
| 序号 | 检查项目 | 设计要求 | 检测数值 | 偏差数值 | |
| 1 | 机房宽度/mm | | | | |
| 2 | 机房深度/mm | | | | |
| 3 | 支承宽度/mm | | | | |
| 4 | 支承长度/mm | | | | |
| 5 | 中间承强度/mm | | | | |
| 6 | 支承水平间距/mm | | | | |
| 7 | 扶梯提升高度/mm | | | | |
| 8 | 支承预埋铁尺寸/mm | | | | |
| 9 | 提升设备搬运的连接附件 | | | | |
| 检查意见：<br>日期：　　年　　月　　日 | | | | | |
| 监理(建设)单位 | 施工单位 | | | | |
| | 技术负责人 | 施工员 | 质检员 | | |
| | | | | | |

注：本表由安装单位填写，城建档案馆、建设单位、施工单位保存。

## 【实　务】

### ◆电缆敷设检查记录填写范例

电缆敷设检查记录填写范例,见表 8.47。

表 8.47　电缆敷设检查记录

编　号:×××

| 工程名称 | ××市政工程 | | 部位工程 | ××× | | |
|---|---|---|---|---|---|---|
| 施工单位 | ××市电气设备安装公司 | | 敷设方式 | 直埋式 | | |
| 检查日期 | 2010-03-12 | | 天气情况 | 晴 | 气温/℃ | 15 |
| 电缆编号 | 起点 | 终点 | 规格型号 | 用途 | | |
| ××× | 配电室 | ××厂开关柜 | ××× | 照明 | | |
| | | | | | | |
| | | | | | | |
| | | | | | | |
| | | | | | | |

| 序号 | 检查项目及要求 | 检查结果 |
|---|---|---|
| 1 | 电缆规格符合设计规定,排列整齐,无机械损伤;标志牌齐全、正确、清晰 | 符合要求 |
| 2 | 电缆的固定、弯曲半径、有关距离和单芯电力电缆的相序排列符合要求 | 符合要求 |
| 3 | 电缆终端、电缆接头、安装牢固,相色正确 | 符合要求 |
| 4 | 电缆金属保护层、铠装、金属屏蔽层接地良好 | 符合要求 |
| 5 | 电缆沟内无杂物,盖板齐全,隧道内无杂物,照明、通风排水等符合设计要求 | 符合要求 |
| 6 | 直埋电缆路径标志应与实际路径相符,标志应清晰牢固、间距适当 | 符合要求 |
| 7 | 电缆桥架接地符合标准要求 | 符合要求 |

| 监理(建设)单位 | 施工单位 | | |
|---|---|---|---|
| | 技术负责人 | 施工员 | 质检员 |
| ××× | ××× | ××× | ××× |

注:本表由施工单位填写,建设单位、施工单位保存。

## ◆电气照明装置安装检查记录填写范例

电气照明装置安装检查记录填写范例，见表8.48。

**表8.48　电气照明装置安装检查记录**

编　号：×××

| 工程名称 | ××市政工程 | 部位工程 | ××× |
|---|---|---|---|
| 施工单位 | ××市政工程公司 | 检查日期 | 2010－05－12 |
| 序号 | 检查项目及要求 | | 检查结果 |
| 1 | 照明配电箱（盘）安装 | | 符合要求 |
| 2 | 电线、电缆导管和线槽敷设 | | 符合要求 |
| 3 | 电线、电缆导管穿线和线槽敷线 | | 符合要求 |
| 4 | 普通灯具安装 | | 符合要求 |
| 5 | 专用灯具安装 | | 符合要求 |
| 6 | 建筑物景观照明灯，航空障碍标志灯和庭院灯安装 | | 符合要求 |
| 7 | 开关、插座、风扇安装 | | 符合要求 |
| 8 | | | |
| 9 | | | |
| 10 | | | |
| 11 | | | |
| 12 | | | |
| 13 | | | |
| 14 | | | |
| | | | |
| | | | |
| | | | |
| 监理（建设）单位 | 施工单位 | | |
| | 技术负责人 | 施工员 | 质检员 |
| ××× | 王×× | 李×× | 张×× |

注：本表由施工单位填写，建设单位、施工单位保存。

## ◆起重机电气安装检查记录填写范例

起重机电气安装检查记录填写范例,见表8.49。

**表8.49　起重机电气安装检查记录**

编　　号:×××

| 工程名称 | ××市政工程 | | | | |
|---|---|---|---|---|---|
| 部位工程 | ××× | | | | |
| 施工单位 | ××安装公司 | | | | |
| 检查日期 | 2010-09-19日 | | | | |
| 设备型号 | ××× | 额定数据 | 6 t | 安装地点 | 厂房 |
| 序号 | 检查项目及要求 | | | | 检查结果 |
| 1 | 滑接线及滑接器安装符合设计规范要求 | | | | 符合要求 |
| 2 | 安全式滑接线及滑接器安装符合设计及规范要求 | | | | 符合要求 |
| 3 | 悬吊式软电缆安装符合设计及规范要求 | | | | 符合要求 |
| 4 | 配线安装符合产品及规范要求 | | | | 符合要求 |
| 5 | 控制箱(柜)、控制器、限位器、制动装置及撞杆安装等符合产品及规范要求 | | | | 符合要求 |
| 6 | 轨道接地良好符合设计及规范要求 | | | | 符合要求 |
| 7 | 电气设备和线路绝缘电阻测试 | | | | 符合要求 |
| 8 | 照明装置安装符合产品及规范要求 | | | | 符合要求 |
| 9 | 安全保护装置、制动装置经模拟试验和调整完毕,校验合格,声光信号装置显示正确,清晰可靠 | | | | 符合要求 |
| 10 | | | | | |

| 监理(建设)单位 | 施工单位 | | |
|---|---|---|---|
| | 技术负责人 | 施工员 | 质检员 |
| ××× | ××× | ××× | ××× |

注:本表由施工单位填写,建设单位、施工单位保存。

# 第9章　市政工程施工试验记录

## 9.1　施工通用试验记录

### 【基　础】

### ◆施工通用试验记录说明及样式

施工通用试验记录是在没有专用施工试验记录的情况下，对施工试验方法及试验数据进行记录的表格。

施工通用试验记录样式，见表9.1。

**表9.1　施工通用试验记录**

编　　号：________

| 工程名称 | | | |
|---|---|---|---|
| 施工单位 | | 试验日期 | 年　月　日 |
| 试验部位 | | 规格、材料 | |

试验要求：

试验情况记录：

试验结论：

| 技术负责人 | 质检员 | 试验员 |
|---|---|---|
| | | |

注：本表由施工单位填写，城建档案馆、建设单位、施工单位保存，向城建档案馆报送、组卷。

# 【实　务】

## ◆施工通用试验记录填写范例

施工通用试验记录填写范例,见表9.2。

**表9.2　施工通用试验记录**

编　号:×××

| 工程名称 | ××市政工程 | | |
|---|---|---|---|
| 施工单位 | ××市政工程公司 | 试验日期 | 2010-06-01 |
| 试验部位 | ××× | 规格、材料 | ××× |
| 试验要求:<br>(根据具体施工试验具体填写) | | | |
| 试验情况记录:<br>(根据具体施工试验具体填写) | | | |
| 试验结论: | | | |

| 技术负责人 | 质检员 | 试验员 |
|---|---|---|
| 张×× | 李×× | 周×× |

注:本表由施工单位填写,城建档案馆、建设单位、施工单位保存,向城建档案馆报送、组卷。

# 9.2　基础/主体结构工程通用施工试验记录

# 【基　础】

## ◆回填土

### 1. 土壤(无机料)最大干密度与最佳含水量试验报告表格

土壤(无机料)最大干密度与最佳含水量试验报告表格样式,见表9.3。

**表 9.3 土壤(无机料)最大干密度与最佳含水量试验报告**

编　　号:________

| 工程名称 | | | |
|---|---|---|---|
| 施工单位 | | | |
| 取土地点 | | 取样日期 | 年　月　日 |
| 样品种类 | | 试验日期 | 年　月　日 |

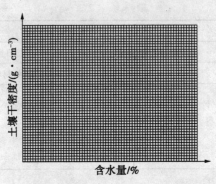

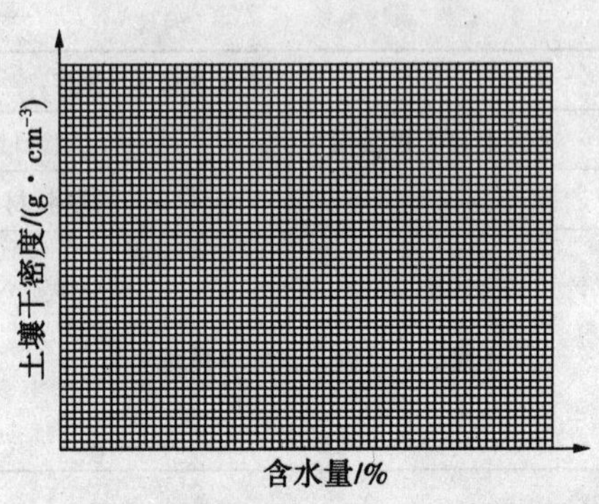


最大土壤干密度________ g/cm$^3$　　　最佳含水量 ________%

试验依据:

| 负责人 | 审核人 | 试验人 |
|---|---|---|
| | | |

注:本表由试验单位填写,建设单位、施工单位保存。

## 2. 土壤压实试验记录(环刀法)表格

土壤压实试验记录(环刀法)表格的样式,见表 9.4。

**表 9.4 土壤压实试验记录(环刀法)**

编　　号:________

| 工程名称 | | | | | | | |
|---|---|---|---|---|---|---|---|
| 施工单位 | | | | | | | |
| 代表部位 | | | | 试验日期 | | | |
| 取样桩号 | | | | 取样位置 | | | |
| 取样深度 | | | | | | | |
| 土样种类 | | | | | | | |
| 湿密度 | 环刀+土质量/g | | | | | | |
| | 环刀质量/g | | | | | | |
| | 土质量/g | | | | | | |
| | 环刀容积/cm$^3$ | | | | | | |
| | 湿密度/(g·cm$^{-3}$) | | | | | | |

**续表 9.4**

| | | | | | | | | | | | | | |
|---|---|---|---|---|---|---|---|---|---|---|---|---|---|
| 干密度 | 盒号 | | | | | | | | | | | | |
| | 盒 + 湿土质量/g | | | | | | | | | | | | |
| | 盒 + 干土质量/g | | | | | | | | | | | | |
| | 水质量/g | | | | | | | | | | | | |
| | 盒质量/g | | | | | | | | | | | | |
| | 干土质量/g | | | | | | | | | | | | |
| | 含水量/% | | | | | | | | | | | | |
| | 平均含水量/% | | | | | | | | | | | | |
| | 干密度/(g·cm$^{-3}$) | | | | | | | | | | | | |
| 最大干密度/(g·cm$^{-3}$) | | | | | | | | | | | | | |
| 压实度/% | | | | | | | | | | | | | |
| 备注 | | | | | | | | | | | | | |
| 审核 | | | 试验 | | | | | | | | | | |

注:本表由试验单位填写,建设单位、施工单位保存。

## ◆砌筑砂浆

### 1. 砌筑砂浆抗压强度试验报告表格

砌筑砂浆抗压强度试验报告表格的样式,见表 9.5。

**表 9.5　砌筑砂浆抗压强度试验报告**

编　　号:________

试验编号:________

委托编号:________

| | | | |
|---|---|---|---|
| 工程名称 | | 工程部位 | |
| 委托单位 | | 试验委托人 | |
| 砂浆种类 | | 稠度 | mm |
| 水泥品种及强度等级 | | 试验编号 | |
| 矿产地及种类 | | 试验编号 | |
| 掺和类种类 | | 外加剂种类 | |
| 配合比编号 | | | |

| | | | | | |
|---|---|---|---|---|---|
| 试件成型日期 | | 要求龄期 | | 要求试验日期 | |
| 养护方法 | | 试件收到日期 | | 试件制作人 | |

| | 试压日期 | 实际龄期/d | 试件边长/mm | 受压面积/mm$^2$ | 荷载/kN | | 抗压强度/MPa | 达设计强度等级/% |
|---|---|---|---|---|---|---|---|---|
| | | | | | 单块 | 平均 | | |
| 试验结果 | | cm$^3$ | | | | | | |
| | | | | | | | | |
| | | | | | | | | |

续表 9.5

结论：

| 批　准 | 审　核 | 试　验 |
|---|---|---|
| | | |
| 报告日期 | | |

注：本表由建设单位、施工单位、城建档案馆各保存一份。

**2. 砌筑砂浆试块强度统计、评定记录表格**

砌筑砂浆试块强度统计、评定记录表格的样式，见表 9.6。

表 9.6　砌筑砂浆试块强度统计、评定记录

编　号：______

| 工程名称 | | 强度等级 | |
|---|---|---|---|
| 施工单位 | | 养护方法 | |
| 统计期 | | 结构部位 | |

| 试块组数 | 强度标准值 $f_2$/MPa | 平均值 $f_{2,m}$/MPa | 最小值 $f_{2,min}$/MPa | $0.75f_2$ |
|---|---|---|---|---|
| | | | | |

| 每组强度值/MPa | | | | | | | | | | |
|---|---|---|---|---|---|---|---|---|---|---|
| | | | | | | | | | | |
| | | | | | | | | | | |

| 判定式 | $f_{2,m} \geqslant f_2$ | $f_{2,min} \geqslant 0.75f_2$ |
|---|---|---|
| 结果 | | |

结论：

| 批　准 | 审　核 | 统　计 |
|---|---|---|
| | | |
| 报告日期 | | |

注：本表由施工单位填写，建设单位、施工单位、城建档案馆各保存一份。

按同类、同强度等级砂浆为一验收批，应符合下列要求：

$$f_{2,m} \geqslant f_2$$

$$f_{2,min} \geqslant 0.75f_2$$

式中：$f_{2,m}$——同一验收批中砂浆立方体抗压强度各组平均值，MPa。

$f_{2,min}$——同一验收批中砂浆立方体抗压强度最小一组值，MPa。

$f_2$——验收批砂浆设计强度等级所对应的立方体抗压强度，MPa。

施工中出现以下情况时，可以采用非破损或微破损检验方法对砂浆和砌体强度进行

原位检测来推定砂浆的强度，还应有法定单位出具的检测报告。

(1)砂浆试块缺乏代表性或试块数量不足。

(2)对砂浆试块的试验结果有怀疑或有争议。

(3)砂浆试块的试验结果已判定不能满足设计要求，需确定砂浆和砌体强度。

## ◆混凝土

(1)应有配合比申请单和由试验室签发的配合比通知单。若施工材料有变化，则要有修改配合比的试验资料。

(2)应有按规定组数留置的 28 天龄期标养试块及足够数量的同条件养护试块，并按照《混凝土抗压强度试验报告》、《混凝土抗折强度试验报告》、《混凝土抗渗试验报告》、《混凝土抗冻试验报告》(表 9.7～9.10)的要求进行试验。以现浇结构混凝土及冬期施工混凝土的同条件养护试块抗压强度试验报告，作为拆模、张拉、施工临时荷载、检验抗冻能力等的依据。

(3)冬期施工还应有受冻临界强度试块和转常温试块的抗压强度试验报告。

(4)用成熟度法计算混凝土早期强度时，需由出具配合比的试验室用标准试件测得各龄期的强度数据，经回归分析拟合成成熟度 ($M$) - 强度($f$) 曲线 $f = ae\dfrac{b}{m}$ 或龄期($D$) - 强度($f$) 曲线 $f = ae\dfrac{b}{D}$ 等，计算出混凝土强度。

(5)按单位工程分种类、强度等级，汇总填写《混凝土试块强度统计、评定记录》(表 9.11)。

**表 9.7　混凝土抗压强度试验报告**

编　　号:________
试验编号:________
委托编号:________

<table>
<tr><td>工程名称</td><td colspan="3"></td><td colspan="2">试件编号</td><td colspan="3"></td></tr>
<tr><td>委托单位</td><td colspan="3"></td><td colspan="2">试验委托人</td><td colspan="3"></td></tr>
<tr><td>设计强度等级</td><td colspan="3"></td><td colspan="2">实测坍落度、扩展度</td><td colspan="3">mm</td></tr>
<tr><td>水泥品种及强度等级</td><td colspan="3"></td><td colspan="2">试验编号</td><td colspan="3"></td></tr>
<tr><td>砂种类</td><td colspan="3"></td><td colspan="2">试验编号</td><td colspan="3"></td></tr>
<tr><td>石种类、公称直径</td><td colspan="3"></td><td colspan="2">试验编号</td><td colspan="3"></td></tr>
<tr><td>外加剂名称</td><td colspan="3"></td><td colspan="2">试验编号</td><td colspan="3"></td></tr>
<tr><td>掺和料名称</td><td colspan="3"></td><td colspan="2">试验编号</td><td colspan="3"></td></tr>
<tr><td>配合比编号</td><td colspan="3"></td><td colspan="2">配合比</td><td colspan="3">$C:W:S:G=$</td></tr>
<tr><td rowspan="2">用量</td><td colspan="8">材料名称</td></tr>
<tr><td>水泥</td><td>水</td><td>砂</td><td>石</td><td colspan="2">外加剂</td><td colspan="2">掺和料</td></tr>
<tr><td>每立方米用量/kg</td><td></td><td></td><td></td><td></td><td></td><td></td><td></td><td></td></tr>
<tr><td>每盘用量/kg</td><td></td><td></td><td></td><td></td><td></td><td></td><td></td><td></td></tr>
<tr><td>成型日期</td><td colspan="2"></td><td colspan="2">要求龄期</td><td colspan="2">天</td><td>要求试验日期</td><td></td></tr>
</table>

续表 9.7

<table>
<tr><td>养护方法</td><td>标养</td><td colspan="2">收到日期</td><td colspan="4"></td><td>试块制作人</td><td></td></tr>
<tr><td rowspan="5">试验结果</td><td rowspan="2">试验日期</td><td rowspan="2">实际龄期/d</td><td rowspan="2">试件边长</td><td rowspan="2">受压面积/$mm^2$</td><td colspan="2">荷载/kN</td><td rowspan="2">平均抗压强度/MPa</td><td rowspan="2">折合 150mm 立方体抗压强度/MPa</td><td rowspan="2">达到设计强度等级/%</td></tr>
<tr><td>单块</td><td>平均</td></tr>
<tr><td rowspan="3"></td><td rowspan="3"></td><td rowspan="3"></td><td rowspan="3"></td><td></td><td rowspan="3"></td><td rowspan="3"></td><td rowspan="3"></td><td rowspan="3"></td></tr>
<tr><td></td></tr>
<tr><td></td></tr>
</table>

结论：

<table>
<tr><td>批准人</td><td>审核人</td><td>试验人</td></tr>
<tr><td></td><td></td><td></td></tr>
<tr><td>报告日期</td><td colspan="2"></td></tr>
</table>

注：本表由建设单位、施工单位各保存一份。

**表 9.8 混凝土抗折强度试验报告**

编　　号：________

试验编号：________

委托编号：________

<table>
<tr><td>工程名称</td><td colspan="4"></td><td colspan="2">试件编号</td><td colspan="3"></td></tr>
<tr><td>委托单位</td><td colspan="4"></td><td colspan="2">试验委托人</td><td colspan="3"></td></tr>
<tr><td>设计强度等级</td><td colspan="4"></td><td colspan="2">实测坍落度、扩展度</td><td colspan="3">mm</td></tr>
<tr><td>水泥品种及强度等级</td><td colspan="4"></td><td colspan="2">试验编号</td><td colspan="3"></td></tr>
<tr><td>砂种类</td><td colspan="4"></td><td colspan="2">试验编号</td><td colspan="3"></td></tr>
<tr><td>石种类、公称直径</td><td colspan="4"></td><td colspan="2">试验编号</td><td colspan="3"></td></tr>
<tr><td>外加剂名称</td><td colspan="4"></td><td colspan="2">试验编号</td><td colspan="3"></td></tr>
<tr><td>掺和料名称</td><td colspan="4"></td><td colspan="2">试验编号</td><td colspan="3"></td></tr>
<tr><td>配合比编号</td><td colspan="4"></td><td colspan="2">配合比</td><td colspan="3">$C:W:S:G=$</td></tr>
<tr><td rowspan="2">用量</td><td colspan="9">材料名称</td></tr>
<tr><td>水泥</td><td>水</td><td>砂</td><td>石</td><td colspan="3">外加剂</td><td colspan="2">掺和料</td></tr>
<tr><td>每立方米用量/kg</td><td></td><td></td><td></td><td></td><td></td><td></td><td></td><td></td><td></td></tr>
<tr><td>每盘用量/kg</td><td></td><td></td><td></td><td></td><td></td><td></td><td></td><td></td><td></td></tr>
<tr><td>成型日期</td><td colspan="2"></td><td colspan="2">要求龄期</td><td colspan="2">天</td><td>要求试验日期</td><td colspan="2"></td></tr>
</table>

**续表 9.8**

| 养护方法 | 标养 | 收到日期 | | | | | | | | 试块制作人 | |
|---|---|---|---|---|---|---|---|---|---|---|---|
| 试验结果 | 试验日期 | 实际龄期/d | 试件边长 | | | 跨度/mm | 荷载/kN | | 平均极限抗折强度/MPa | 折合标准式件强度/MPa | 达到设计强度等级/% |
| | | | 长 | 宽 | 高 | | 单块 | 平均 | | | |
| | | | | | | | | | | | |
| | | | | | | | | | | | |
| | | | | | | | | | | | |
| | | | | | | | | | | | |

| 批准人 | 审核人 | 试验人 |
|---|---|---|
| | | |
| 报告日期 | | |

注:本表由建设单位、施工单位各保存一份。

**表 9.9　混凝土抗渗试验报告**

编　　号:______
试验编号:______
委托编号:______

| 工程名称 | | | | | | 工程部位 | | | | |
|---|---|---|---|---|---|---|---|---|---|---|
| 委托单位 | | | | | | 试验委托人 | | | | |
| 设计强度等级 | | | | | | 实测坍落度、扩展度 | | | mm | |
| 水泥品种及强度等级 | | | | | | 试验编号 | | | | |
| 砂种类 | | | | | | 试验编号 | | | | |
| 石种类、公称直径 | | | | | | 试验编号 | | | | |
| 外加剂名称 | | | | | | 试验编号 | | | | |
| 掺和料名称 | | | | | | 试验编号 | | | | |
| 配合比编号 | | | | | | 配合比 | | | $C:W:S:G=$ | |
| 用量 | 材料名称 | | | | | | | | | |
| | 水泥 | | 水 | | 砂 | 石 | | 外加剂 | | 掺和料 |
| 每立方米用量/kg | | | | | | | | | | |
| 每盘用量/kg | | | | | | | | | | |
| 成型日期 | | | | 要求龄期 | | 天 | | 要求试验日期 | | |
| 养护方法 | 标养 | 收到日期 | | | | | | 试块制作人 | | |

试件端面渗水部位:

**续表 9.9**

| 试件解剖渗水高度/mm： | | | | |
|---|---|---|---|---|
| 试验依据及结论： | | | | |
| 批准人 | | 审核人 | | 试验人 |
| | | | | |
| 报告日期 | | | | |

注：本表由建设单位、施工单位各保存一份。

## 表 9.10 混凝土抗冻试验报告

编　　号：______
试验编号：______
委托编号：______

| 工程名称 | | | | | 工程部位 | | | |
|---|---|---|---|---|---|---|---|---|
| 委托单位 | | | | | 试验委托人 | | | |
| 设计强度等级 | | | | | 实测坍落度、扩展度 | mm | | |
| 水泥品种及强度等级 | | | | | 试验编号 | | | |
| 砂种类 | | | | | 试验编号 | | | |
| 石种类、公称直径 | | | | | 试验编号 | | | |
| 外加剂名称 | | | | | 试验编号 | | | |
| 掺和料名称 | | | | | 试验编号 | | | |
| 配合比编号 | | | | | 配合比 | C:W:S:G = | | |
| 用量 | 材料名称 | | | | | | | |
| | 水泥 | 水 | 砂 | | 石 | 外加剂 | | 掺和料 |
| 每立方米用量/kg | | | | | | | | |
| 每盘用量/kg | | | | | | | | |
| 成型日期 | | | 要求龄期 | | | 天 | 要求试验日期 | |
| 养护方法 | 标养 | 收到日期 | | | | | 试块制作人 | |
| 试验依据及结果： | | | | | | | | |
| 批准人 | | | 审核人 | | | 试验人 | | |
| | | | | | | | | |
| 报告日期 | | | | | | | | |

注：本表由建设单位、施工单位各保存一份。

**表 9.11　混凝土试块强度统计、评定记录**

编　　号:________

| 工程名称 | | | 强度等级 | | | |
|---|---|---|---|---|---|---|
| 施工单位 | | | 养护方法 | | | |
| 统计期 | | | 结构部位 | | | |
| 试块组数 | 强度标准值 $f_{cu,k}$/MPa | 平均值 $m_{f_{cu}}$/MPa | 标准值 $S_{f_{cu}}$/MPa | 最小值 $f_{cu,min}$/MPa | 合格判定系数 | |
| | | | | | $\lambda_1$ | $\lambda_2$ |
| | | | | | | |
| 每组强度值/MPa | | | | | | |
| | | | | | | |
| | | | | | | |
| | | | | | | |
| 评定界限 | □统计方法(二) | | | | □非统计方法 | |
| | $0.90 f_{cu,k}$ | $m_{f_{uc}} - \lambda_1 \times S_{f_{uc}}$ | $\lambda_2 \times f_{cu,k}$ | $1.15 f_{cu,k}$ | $0.95 f_{cu,k}$ | |
| | | | | | | |
| 判定式 | $m_{f_{cu}} - \lambda_1 \times S_{f_{cu}} \geqslant 0.90 f_{cu,k}$ | $f_{cu,min} \geqslant \lambda_2 \times f_{cu,k}$ | $m_{f_{cu}} \geqslant 1.15 f_{cu,k}$ | $f_{cu,min} \geqslant 0.95 f_{cu,k}$ | | |
| 结果 | | | | | | |

结论:

| 批　准 | | 审　核 | | 统　计 | |
|---|---|---|---|---|---|
| 试验单位 | | | | | |
| 报告日期 | | | | | |

注:本表由建设单位、施工单位各保存一份。

# 【实　务】

## ◆混凝土抗压强度试验报告填写范例

混凝土抗压强度试验报告填写范例,见表9.12。

**表9.12　混凝土抗压强度试验报告**

编　　号:×××
试验编号:×××
委托编号:×××

<table>
<tr><td>工程名称</td><td colspan="3">××市政工程</td><td colspan="4">试件编号</td><td colspan="3">×××</td></tr>
<tr><td>委托单位</td><td colspan="3">××市政工程公司</td><td colspan="4">试验委托人</td><td colspan="3">×××</td></tr>
<tr><td>设计强度等级</td><td colspan="3">C30,P8</td><td colspan="4">实测坍落度、扩展度</td><td colspan="3">170 mm</td></tr>
<tr><td>水泥品种及强度等级</td><td colspan="3">P.O42.5</td><td colspan="4">试验编号</td><td colspan="3">×××</td></tr>
<tr><td>砂种类</td><td colspan="3">中砂</td><td colspan="4">试验编号</td><td colspan="3">×××</td></tr>
<tr><td>石种类、公称直径</td><td colspan="3">碎石　5~10 mm</td><td colspan="4">试验编号</td><td colspan="3">×××</td></tr>
<tr><td>外加剂名称</td><td colspan="3">UEA</td><td colspan="4">试验编号</td><td colspan="3">×××</td></tr>
<tr><td>掺和料名称</td><td colspan="3">Ⅱ级粉煤灰</td><td colspan="4">试验编号</td><td colspan="3">×××</td></tr>
<tr><td>配合比编号</td><td colspan="10">×××</td></tr>
<tr><td>成型日期</td><td colspan="3">2010-09-01</td><td colspan="2">要求龄期</td><td colspan="2">26天</td><td colspan="2">要求试验日期</td><td>2010-09-27</td></tr>
<tr><td>养护方法</td><td>标养</td><td colspan="2">收到日期</td><td colspan="4">2010-09-26</td><td colspan="2">试块制作人</td><td>×××</td></tr>
<tr><td rowspan="5">试验结果</td><td rowspan="2">试压日期</td><td rowspan="2">实际龄期/d</td><td rowspan="2">试件边长</td><td rowspan="2">受压面积/mm$^2$</td><td colspan="2">荷载/kN</td><td rowspan="2">平均抗压强度/MPa</td><td colspan="2" rowspan="2">折合150 mm立方体抗压强度/MPa</td><td rowspan="2">达设计强度等级/%</td></tr>
<tr><td>单块</td><td>平均</td></tr>
<tr><td rowspan="3">2010-09-27</td><td rowspan="3">26</td><td rowspan="3">100</td><td rowspan="3">10 000</td><td>450</td><td rowspan="3"></td><td rowspan="3">460</td><td rowspan="3">46</td><td rowspan="3">45</td><td rowspan="3">146</td></tr>
<tr><td>460</td></tr>
<tr><td>470</td></tr>
</table>

结论:

合格

| 批　准 | 审　核 | 试　验 |
|---|---|---|
| ××× | ××× | ××× |
| 报告日期 | 2010-09-28 | |

注:本表由建设单位、施工单位各保存一份。

## ◆混凝土试块强度统计、评定记录填写范例

混凝土试块强度统计、评定记录填写范例，见表 9.13。

**表 9.13　混凝土试块强度统计、评定记录**

编　　号：× × ×

| 工程名称 | × × 市政工程 | 强度等级 | C30 |
|---|---|---|---|
| 施工单位 | × × 市政工程公司 | 养护方法 | 标养 |
| 统计期 | 2010 - 03 - 01 至 2010 - 10 - 01 | 结构部位 | 主体 1 ~ 5 层墙柱 |

| 试块组数 | 强度标准值 $f_{cu,k}$/MPa | 平均值 $m_{f_{cu}}$/MPa | 标准值 $S_{f_{cu}}$/MPa | 最小值 $f_{cu,min}$/MPa | 合格判定系数 | |
|---|---|---|---|---|---|---|
| | | | | | $\lambda_1$ | $\lambda_2$ |
| 13 | 30 | 46.92 | 8.78 | 36.4 | 1.7 | 0.9 |

| 每组强度值/MPa | | | | | | | | | | |
|---|---|---|---|---|---|---|---|---|---|---|
| | 51.7 | 38.2 | 46.5 | 39.2 | 58.2 | 36.9 | 36.4 | 57.1 | 55.9 | 51.8 |
| | 56.9 | 41.7 | 39.5 | | | | | | | |
| | | | | | | | | | | |

| 评定界限 | ☑统计方法(二) | | | | | | □非统计方法 | |
|---|---|---|---|---|---|---|---|---|
| | $0.90f_{cu,k}$ | | $m_{f_{uc}}-\lambda_1\times S_{f_{uc}}$ | | $\lambda_2\times f_{cu,k}$ | | $1.15f_{cu,k}$ | $0.95f_{cu,k}$ |
| | 27 | 32.0 | 27 | | | | | |

| 判定式 | $m_{f_{cu}}-\lambda_1\times S_{f_{cu}}\geq0.90f_{cu,k}$ | $f_{cu,min}\geq\lambda_2\times f_{cu,k}$ | $m_{f_{cu}}\geq1.15f_{cu,k}$ | $f_{cu,min}\geq0.95f_{cu,k}$ |
|---|---|---|---|---|
| 结果 | 32.0 > 27 | 36.4 > 27 | | |

结论：

该批混凝土符合《混凝土强度检验评定标准》(GBJ 107—1987)验评标准，评定为合格。

| 批　准 | × × × | 审　核 | × × × | 统　计 | × × × |
|---|---|---|---|---|---|
| 试验单位 | | | | | |
| 报告日期 | 2010 - 10 - 15 | | | | |

注：本表由建设单位、施工单位各保存一份。

# 9.3 道路、桥梁工程施工试验记录

## 【基 础】

### ◆道路工程基础和结构层施工试验记录

道路工程基础和结构层施工试验记录包括路基基层和连接层等结构层，施工中必须严格控制每层结构的压实度、平整度、高程、厚度等。

施工中按以下项目进行试验并记录：《道路基层混合料抗压强度试验报告》（表9.14）、《压实度试验记录（灌砂法）》（表9.15）、《沥青混合料压实度试验报告（蜡封法）》（表9.16）、《回弹弯沉值记录》（表9.17）、《沥青混凝土路面厚度检验记录》（表9.18）、《路面平整度检验记录》（表9.19）、《路面粗糙度检验记录》（表9.20）、《路面弯沉值检验记录》（表9.21）。

**表 9.14 道路基层混合料抗压强度试验报告**

编　　号:______
试验编号:______
委托编号:______

| 工程名称 | | | | | 混合料产地 | | | |
|---|---|---|---|---|---|---|---|---|
| 施工单位 | | | | | 合格证号 | | | |
| 混合料种类、配比 | | | | | 来样日期 | | | |
| 试件编号 | 取样位置桩号 | 成型日期 | 龄期/d | 试验日期 | 试件规格 | 受压面积/$mm^2$ | 抗压强度/MPa | 结论 |
| | | | | | | | | |
| | | | | | | | | |
| | | | | | | | | |
| | | | | | | | | |
| | | | | | | | | |
| | | | | | | | | |
| | | | | | | | | |
| 技术负责人 | | | 质检员 | | | 试验员 | | |
| | | | | | | | | |
| 报告日期 | | | | | | | | |

注：本表由试验单位填写，建设单位、监理单位、施工单位各保存一份。

**表 9.15　压实度试验记录(灌砂法)**

编　号:________

| 工程名称 | |
|---|---|
| 施工单位 | |
| 试验日期 | |

| 回填材料 | | | 桩号及层次 | | | | | | |
|---|---|---|---|---|---|---|---|---|---|
| 灌砂前砂 + 容器质量/g | | (1) | | | | | | | |
| 灌砂后砂 + 容器质量/g | | (2) | | | | | | | |
| 灌砂筒下部锥体内砂质量/g | | (3) | | | | | | | |
| 试坑灌入砂的质量/g | | (4) | (1) - (2) - (3) | | | | | | |
| 砂堆积密度/($g \cdot cm^{-3}$) | | (5) | | | | | | | |
| 试坑体积/$cm^3$ | | (6) | (4)/(5) | | | | | | |
| 试坑中挖出的湿料质量/g | | (7) | | | | | | | |
| 试样湿密度/($g \cdot cm^{-3}$) | | (8) | (7)/(6) | | | | | | |
| 含水量 $W$ /% | 盒号 | (9) | | | | | | | |
| | 盒质量/g | (10) | | | | | | | |
| | 盒 + 湿料质量/g | (11) | | | | | | | |
| | 盒 + 干料质量/g | (12) | | | | | | | |
| | 水质量/g | (13) | (11) - (12) | | | | | | |
| | 干料质量/g | (14) | (12) - (10) | | | | | | |
| | 平均含水量/% | (15) | [(13/14)] × 100 | | | | | | |
| 干质量密度/($g \cdot cm^{-3}$) | | (16) | (8)/[1 + (15)/100] | | | | | | |
| 最大干密度/($g \cdot cm^{-3}$) | | (17) | | | | | | | |
| 压实度/% | | (18) | [(16)/(17)] × 100 | | | | | | |
| | | | | | | | | | |
| | | | | | | | | | |
| | | | | | | | | | |
| | | | | | | | | | |

| 校核人 | 试算人 | 试验人 |
|---|---|---|
| | | |

注:本表由试验单位填写,建设单位、施工单位各保存一份。

**表 9.16　沥青混合料压实度试验报告（蜡封法）**

编　　号：________

试验编号：________

委托编号：________

| 工程名称 | | | | 试验日期 | |
|---|---|---|---|---|---|
| 施工单位 | | | | 试样类型 | |
| 试件编号 | 取样日期 | 桩号（部位） | 试样密度/（$g \cdot cm^{-3}$） | 标准密度/（$g \cdot cm^{-3}$） | 压实度/% |
| | | | | | |
| | | | | | |
| | | | | | |
| | | | | | |
| | | | | | |
| | | | | | |
| | | | | | |
| | | | | | |
| | | | | | |
| | | | | | |
| | | | | | |
| | | | | | |
| | | | | | |
| | | | | | |
| | | | | | |
| | | | | | |
| | | | | | |
| | | | | | |
| | | | | | |
| | | | | | |

| 批准人 | 审核人 | 试验人 |
|---|---|---|
| | | |
| 报告日期 | | |

注：本表由试验单位填写，建设单位、施工单位保存。

**表9.17　回弹弯沉值记录**

编　　号:________

| 工程名称 | | | |
|---|---|---|---|
| 施工单位 | | | |
| 试验位置 | | 起止时间 | |
| 设计弯沉值 | | 试验车型 | |
| 后轴重 | | 试验时间 | |

| 序号 | 桩号 | 轮位 | 行车道(　　) | | | 行车道(　　) | | | 行车道(　　) | | |
|---|---|---|---|---|---|---|---|---|---|---|---|
| | | | 百分表读数回弹值 | | | 百分表读数回弹值 | | | 百分表读数回弹值 | | |
| | | | $D_1$ | $D_2$ | 1/100 mm | $D_1$ | $D_2$ | 1/100 mm | $D_1$ | $D_2$ | 1/100mm |
| | | | | | | | | | | | |
| | | | | | | | | | | | |
| | | | | | | | | | | | |
| | | | | | | | | | | | |
| | | | | | | | | | | | |
| | | | | | | | | | | | |
| | | | | | | | | | | | |
| | | | | | | | | | | | |
| | | | | | | | | | | | |
| | | | | | | | | | | | |
| | | | | | | | | | | | |
| | | | | | | | | | | | |

结论:

| 技术负责人 | 计算人 | 记录人 | 试验员 |
|---|---|---|---|
| | | | |

注:本表由施工单位填写并保存。

## 表 9.18　沥青混凝土路面厚度检验记录

编　　号:________

| 工程名称 | | | | | |
|---|---|---|---|---|---|
| 施工单位 | | | | | |
| 路面材料 | | | | 设计结构厚度/m | |
| 检验方法 | | | | 检验日期 | |
| 序号 | 检验路段桩号 | 检验频率(1 点/1 000 $m^2$) | 检验点桩号及取样部位 | 实测值( -5 ~ 10 mm) | 检验结果 |
| | | | | | |
| | | | | | |
| | | | | | |
| | | | | | |
| | | | | | |
| | | | | | |
| | | | | | |
| | | | | | |
| | | | | | |
| | | | | | |
| | | | | | |
| | | | | | |
| | | | | | |
| | | | | | |
| | | | | | |
| | | | | | |
| | | | | | |
| | | | | | |
| | | | | | |
| | | | | | |
| | | | | | |

| 监理(建设)单位 | 施工单位 | |
|---|---|---|
| | 技术负责人 | 质检员 |
| | | |

注:本表由施工单位填写,城建档案馆、建设单位、监理单位、施工单位保存,向城建档案馆报送、组卷。

## 表 9.19　路面平整度检验记录

编　　号:________

| 工程名称 | | | |
|---|---|---|---|
| 施工单位 | | 检查方法 | |
| 路面宽度/mm | | 路面厚度/mm | |
| 平整度标准允差 | | 检验日期 | |

| 序号 | 检验段桩号及部位 | 检验频率 | 实测值 | | | | | | | | | | | 检验结果 |
|---|---|---|---|---|---|---|---|---|---|---|---|---|---|---|
| | | | 1 | 2 | 3 | 4 | 5 | 6 | 7 | 8 | 9 | 10 | 平均值 | |
| | | | | | | | | | | | | | | |
| | | | | | | | | | | | | | | |
| | | | | | | | | | | | | | | |
| | | | | | | | | | | | | | | |
| | | | | | | | | | | | | | | |
| | | | | | | | | | | | | | | |
| | | | | | | | | | | | | | | |
| | | | | | | | | | | | | | | |
| | | | | | | | | | | | | | | |
| | | | | | | | | | | | | | | |
| | | | | | | | | | | | | | | |
| | | | | | | | | | | | | | | |
| | | | | | | | | | | | | | | |
| | | | | | | | | | | | | | | |
| | | | | | | | | | | | | | | |
| | | | | | | | | | | | | | | |
| | | | | | | | | | | | | | | |
| | | | | | | | | | | | | | | |
| | | | | | | | | | | | | | | |
| | | | | | | | | | | | | | | |
| | | | | | | | | | | | | | | |

| 监理(建设)单位 | 施工单位 | |
|---|---|---|
| | 技术负责人 | 质检员 |
| | | |

注:本表由施工单位填写,城建档案馆、建设单位、监理单位、施工单位保存,向城建档案馆报送、组卷。

**表9.20　路面粗糙度检验记录**

编　　号:________

| 工程名称 | | | | | | | |
|---|---|---|---|---|---|---|---|
| 施工单位 | | | | 检查方法 | | | |
| 路面材质 | | | | 路面等级 | | | |
| 设计要求抗滑指标 | | 摩擦系数 | | 检验设备 | | | |
| | | 纹理深度/mm | | 检验日期 | | | |
| 序号 | 检验桩号 | 检验频率 | 布点位置 | 实测值/mm | | | 检验结果 |
| | | | | 左 | 中 | 右 | |
| | | | | | | | |
| | | | | | | | |
| | | | | | | | |
| | | | | | | | |
| | | | | | | | |
| | | | | | | | |
| | | | | | | | |
| | | | | | | | |
| | | | | | | | |
| | | | | | | | |
| | | | | | | | |
| | | | | | | | |
| | | | | | | | |
| | | | | | | | |
| | | | | | | | |
| | | | | | | | |
| | | | | | | | |
| | | | | | | | |
| | | | | | | | |

| 监理(建设)单位 | 施工单位 | |
|---|---|---|
| | 技术负责人 | 质检员 |
| | | |

注:本表由施工单位填写,城建档案馆、建设单位、监理单位、施工单位保存,向城建档案馆报送、组卷。

**表9.21　路面弯沉值检验记录**

编　　号:________

| 工程名称 | | | | | | | | | | |
|---|---|---|---|---|---|---|---|---|---|---|
| 施工单位 | | | | | | | | | | |
| 路面宽度/m | | | | 路面厚度/mm | | | | | | |
| 设计规定弯沉要求 | | 1/100 mm | | 检验日期 | | | | | | |
| 序号 | 检查段桩号及部位 | 检验频率(1点/20m) | 检验布点桩号部位 | 实测值(1/100 mm) | | | | | | 检验结果 |
| | | | | 1 | 2 | 3 | 4 | 5 | 6 | |
| | | | | | | | | | | |
| | | | | | | | | | | |
| | | | | | | | | | | |
| | | | | | | | | | | |
| | | | | | | | | | | |
| | | | | | | | | | | |
| | | | | | | | | | | |
| | | | | | | | | | | |
| | | | | | | | | | | |
| | | | | | | | | | | |
| | | | | | | | | | | |
| | | | | | | | | | | |
| | | | | | | | | | | |
| | | | | | | | | | | |
| | | | | | | | | | | |
| | | | | | | | | | | |
| | | | | | | | | | | |
| | | | | | | | | | | |
| | | | | | | | | | | |

| 监理(建设)单位 | 施工单位 | |
|---|---|---|
| | 技术负责人 | 质检员 |
| | | |

注:本表由施工单位填写,城建档案馆、建设单位、监理单位、施工单位保存,向城建档案馆报送、组卷。

## ◆桥梁功能性试验记录

若合同有要求，则需进行桥梁桩基、动(静)荷载试验、栏杆防撞等功能性试验。试验前应和有资质的试验单位签订《桥梁功能性试验委托书》(表 9.22)，由试验单位进行桥梁桩基、动(静)荷载试验、防撞试验方案设计，并按方案设计进行试验。试验后出具《桥梁功能性试验报告》。

**表 9.22　桥梁功能性试验记录**

编　　号：______

| 工程名称 | |
|---|---|
| 施工单位 | |
| 受委托试验单位 | |

根据合同要求，现委托贵单位进行桥梁□动荷载、□静荷载、□栏杆防撞试验设计，并进行试验。

| 受委托单位(签字、盖章)<br><br><br><br>年　月　日 | 施工单位(签字、盖章)<br>委托人：<br>单位负责人：<br>年　月　日 |
|---|---|

## 【实　务】

### ◆道路基层混合料抗压强度试验报告填写范例

道路基层混合料抗压强度试验报告填写范例，见表9.23。

表9.23　道路基层混合料抗压强度试验报告

编　　号：×××
试验编号：×××
委托编号：×××

| 工程名称 | | ××市政工程 | | | 混合料产地 | | ××× | |
|---|---|---|---|---|---|---|---|---|
| 施工单位 | | ××市政工程公司 | | | 合格证号 | | ××× | |
| 混合料种类、配比 | | 4∶12∶83 | | | 来样日期 | | 2010－05－12 | |
| 试件编号 | 取样位置桩号 | 成型日期 | 龄期/d | 试验日期 | 试件规格 | 受压面积/$mm^2$ | 抗压强度/MPa | 结论 |
| 1 | 搅拌场 | 2010－05－05 | 7 | 5.13 | Φ150×150 | 175.5 | 0.93 | 合格 |
| | | | | | | | | |
| | | | | | | | | |
| | | | | | | | | |
| | | | | | | | | |
| | | | | | | | | |
| | | | | | | | | |
| | | | | | | | | |
| | | | | | | | | |
| | | | | | | | | |
| | | | | | | | | |
| | | | | | | | | |

| 技术负责人 | 质检员 | 试验员 |
|---|---|---|
| ××× | ××× | ××× |
| 报告日期 | 2010－05－14 | |

注：本表由试验单位填写，建设单位、监理单位、施工单位各保存一份。

## ◆沥青混合料压实度试验报告(蜡封法)填写范例

沥青混合料压实度试验报告(蜡封法)填写范例,见表9.24。

**表9.24　沥青混合料压实度试验报告(蜡封法)**

编　　号:×××
试验编号:×××
委托编号:×××

| 工程名称 | ××市政工程 | | | 试验日期 | 2010-06-10 |
|---|---|---|---|---|---|
| 施工单位 | ××市政工程公司 | | | 试样类型 | ××× |
| 试件编号 | 取样日期 | 桩号(部位) | 试样密度/($g\cdot cm^{-3}$) | 标准密度/($g\cdot cm^{-3}$) | 压实度/% |
| 1 | 2010-06-05 | 0+215.5 | 2.410 | 2.340 | 96.92 |
| 2 | 2010-06-08 | 0+250.5 | 2.420 | 2.395 | 96.97 |
| | | | | | |
| | | | | | |
| | | | | | |
| | | | | | |
| | | | | | |
| | | | | | |
| | | | | | |
| | | | | | |
| | | | | | |
| | | | | | |
| | | | | | |
| | | | | | |
| | | | | | |
| | | | | | |
| | | | | | |
| | | | | | |
| | | | | | |
| | | | | | |
| 批准人 | | 审核人 | | 试验人 | |
| ××× | | ××× | | ××× | |
| 报告日期 | 2010-06-11 | | | | |

注:本表由试验单位填写,建设单位、施工单位保存。

## ◆路面平整度检验记录填写范例

路面平整度检验记录填写范例,见表9.25。

**表9.25 路面平整度检验记录**

编 号:×××

<table>
<tr><td colspan="2">工程名称</td><td colspan="13">××市政工程</td></tr>
<tr><td colspan="2">施工单位</td><td colspan="7">××市政工程公司</td><td colspan="5">检查方法</td><td>塞尺、杠尺</td></tr>
<tr><td colspan="2">路面宽度/mm</td><td colspan="7">25 m</td><td colspan="5">路面厚度/mm</td><td>75 mm</td></tr>
<tr><td colspan="2">平整度标准允差</td><td colspan="7">≤5 mm</td><td colspan="5">检验日期</td><td>2010-03-15</td></tr>
<tr><td rowspan="2">序号</td><td rowspan="2">检验段桩号及部位</td><td rowspan="2">检验频率</td><td colspan="11">实测值</td><td rowspan="2">检验结果</td></tr>
<tr><td>1</td><td>2</td><td>3</td><td>4</td><td>5</td><td>6</td><td>7</td><td>8</td><td>9</td><td>10</td><td>平均值</td></tr>
<tr><td>1</td><td>0+215.5路左</td><td>1/1 000 m²</td><td>2</td><td>4</td><td>3</td><td>2</td><td>3</td><td>4</td><td></td><td></td><td></td><td></td><td>3</td><td>合格</td></tr>
<tr><td>2</td><td>0+250.5路中</td><td>1/1 000 m²</td><td>3</td><td>2</td><td>3</td><td>4</td><td></td><td></td><td></td><td></td><td></td><td></td><td>3</td><td>合格</td></tr>
</table>

<table>
<tr><td rowspan="2">监理(建设)单位</td><td colspan="2">施工单位</td></tr>
<tr><td>技术负责人</td><td>质检员</td></tr>
<tr><td>×××</td><td>×××</td><td>×××</td></tr>
</table>

注:本表由施工单位填写,城建档案馆、建设单位、监理单位、施工单位保存,向城建档案馆报送、组卷。

## ◆桥梁功能性试验记录填写范例

桥梁功能性试验记录填写范例,见表9.26。

**表9.26　桥梁功能性试验记录**

编　号:×××

| 工程名称 | ××市政工程 |
| --- | --- |
| 施工单位 | ××市政工程公司 |
| 受委托试验单位 | ××桥梁检测所 |

根据合同要求,现委托贵单位进行桥梁□动荷载、□静荷载、☑栏杆防撞试验设计,并进行试验。

| 受委托单位(签字、盖章)<br><br>×××<br><br>2010年9月22日 | 施工单位(签字、盖章)<br><br>委托人:　×××<br><br>单位负责人:　×××<br><br>2010年9月22日 |
| --- | --- |

# 9.4　管(隧)道工程施工试验记录

## 【基　　础】

### ◆给水管道工程试验

给水管道安装经质量检查符合标准和设计文件规定后,应按照标准规定的长度进行水压试验并对管网进行清洗,试验后填写《给水管道水压试验记录》(表9.27)、《给水、供热管网冲洗记录》(表9.28)。

**表9.27　给水管道水压试验记录**

编　　号:______

| 工程名称 | | | | | | |
|---|---|---|---|---|---|---|
| 施工单位 | | | | | | |
| 桩号及地段 | | | | 试验日期 | | |
| 管道内径/mm | | | 管道材质 | 接口种类 | | 试验段长度/m |
| | | | | | | |
| 设计最大工作压力/MPa | | | 试验压力/MPa | 10分钟降压值/MPa | | 允许渗水量/(L/min·km) |
| | | | | | | |
| 严密性试验方法 | 注水法 | 次数 | 达到试验压力的时间 $t_1$/min | 恒压结束时间 $t_2$/min | 恒压时间内注入的水量 $W$/L | 渗水量/(L/min·km) |
| | | 1 | | | | |
| | | 2 | | | | |
| | | 3 | | | | |
| | | 折合平均渗水量 | | | | L/min·km |
| | 放水法 | 次数 | 由试验压力降压0.1MPa的时间 $t_1$/min | 由试验压力放水下降0.1MPa的时间 $t_2$/min | 由试验压力放水下降0.1MPa的放水量 $W$/L | 渗水量/(L/min·km) |
| | | 1 | | | | |
| | | 2 | | | | |
| | | 3 | | | | |
| | | 折合平均渗水量 | | | | L/min·km |
| 外　观 | | | | | | |
| 试验结论 | 强度试验 | | | 严密性试验 | | |
| 监理(建设)单位 | | | 设计单位 | 施工单位 | | |
| | | | | 技术负责人 | | 质检员 |
| | | | | | | |

注:本表由施工单位填写,城建档案馆、建设单位、监理单位、施工单位保存,向城建档案馆报送、组卷。

**表9.28 给水、供热管网冲洗记录**

编　　号：______

| 工程名称 | |
|---|---|
| 施工单位 | |
| 冲洗范围(桩号) | |
| 冲洗长度/m | |
| 冲洗介质 | |
| 冲洗方法 | |
| 冲洗日期 | |
| 冲洗情况及结果： | |
| 备　注： | |

| 监理(建设)单位 | 施工单位 | |
|---|---|---|
| | 技术负责人 | 质检员 |
| | | |

注：本表由施工单位填写，建设单位、施工单位保存。

## ◆供热管道工程试验

供热管道安装经质量检查符合标准和设计文件规定后，应分别按标准规定的长度进行分段和全长的管道试验，管道清洗可分段或整体联网进行。试验后填写《供热管道水压试验记录》(表9.29)、《给水、供热管网冲洗记录》(表9.28)。

**表9.29 供热管道水压试验记录**

编　　号：______

| 工程名称 | | | |
|---|---|---|---|
| 施工单位 | | | |
| 试压范围(起止桩号) | | 公称直径/mm | |
| 试压总长度/m | | | |
| 设计压力/MPa | | 试验压力/MPa | |
| 允许压力降/MPa | | 实际压力降/MPa | |

续表 9.29

<table>
<tr><td rowspan="2">稳压时间</td><td>试验压力下</td><td></td><td rowspan="2">试验日期</td><td rowspan="2"></td></tr>
<tr><td>设计压力下</td><td></td></tr>
<tr><td>试验中情况</td><td colspan="4"></td></tr>
<tr><td>试验结论</td><td colspan="4"></td></tr>
<tr><td rowspan="2">监理(建设)单位</td><td colspan="4">施工单位</td></tr>
<tr><td colspan="2">技术负责人</td><td colspan="2">质检员</td></tr>
<tr><td></td><td colspan="2"></td><td colspan="2"></td></tr>
</table>

注:本表由施工单位填写,城建档案馆、建设单位、施工单位保存,向城建档案馆报送、组卷。

## ◆燃气管道工程试验

燃气管道为输送煤气、天然气、液化石油气的压力管道,管道及安全附件的校验、防腐绝缘、阴极保护,管道清洗、强度、严密性试验,均是确保管道使用安全的重要条件。管道及管道附件在施工质量检查合格后应根据规范要求,严格进行下列试验。

(1)强度/严密性试验后填写《燃气管道强度试验验收单》(表9.30)、《燃气管道严密性试验验收单》(表9.31)、《燃气管道气压严密性试验记录》(表9.32和表9.33)。

表 9.30　燃气管道强度试验验收单

编　　号:________

<table>
<tr><td>工程名称</td><td colspan="3"></td></tr>
<tr><td>施工单位</td><td colspan="3"></td></tr>
<tr><td>起止桩号(试验范围)</td><td></td><td>管道材质</td><td></td></tr>
<tr><td>公称直径/mm</td><td></td><td>接口做法</td><td></td></tr>
<tr><td>设计压力/MPa</td><td></td><td>试验压力/MPa</td><td></td></tr>
<tr><td>试验介质</td><td></td><td>试验日期</td><td></td></tr>
<tr><td>压力表种类</td><td>强簧表□　电子表□　U型压力计□</td><td>压力表量程及精度等级</td><td></td></tr>
<tr><td colspan="4">试验结论:</td></tr>
</table>

| 监理(建设)单位 | 施工单位 |
|---|---|
| | |

注:本表由施工单位填写,城建档案馆、建设单位、施工单位保存,向城建档案馆报送、组卷。

**表 9.31 燃气管道严密性试验验收单**

编　　号:________

| 工程名称 | | | | | | | | |
|---|---|---|---|---|---|---|---|---|
| 施工单位 | | | | | 试验介质 | | | |
| 试验范围(起止桩号) | | | | | 管道材质 | | | |
| 设计压力/MPa | | | | | 试验压力/MPa | | | |
| 试验开始时间 | | | | | 试验结束时间 | | | |
| 管道 | 内径/mm | | | | | | | 合计长度/m |
| | 长度/m | | | | | | | |
| 允许压力降 | | | | | 保压时间/h | | | |

试验情况:

计算公式:

试验结论:

| 监理(建设)单位 | 施工单位 |
|---|---|
| | |

注:本表由施工单位填写,城建档案馆、建设单位、施工单位保存,向城建档案馆报送、组卷。

**表 9.32　燃气管道气压严密性试验记录(一)**

编　　号:________

| 工程名称 | | | | | | | | | |
|---|---|---|---|---|---|---|---|---|---|
| 施工单位 | | | | | | | | | |
| 压力等级 | | | | | | | 公称直径/mm | | |
| 起止桩号 | | | 长度/m | | | | 管道材质 | | |
| 充气时间 | | | | | | | 稳压时间/h | | |
| 时间 | | U 型压力计读数 | | 土壤温度/℃ | 时间 | | U 型压力计读数 | | 土壤温度/℃ |
| 时 | 分 | 上 | 下 | | 时 | 分 | 上 | 下 | |
| | | | | | | | | | |
| | | | | | | | | | |
| | | | | | | | | | |
| | | | | | | | | | |
| | | | | | | | | | |
| | | | | | | | | | |
| | | | | | | | | | |
| | | | | | | | | | |
| | | | | | | | | | |
| | | | | | | | | | |
| | | | | | | | | | |
| | | | | | | | | | |
| | | | | | | | | | |
| | | | | | | | | | |
| | | | | | | | | | |
| | | | | | | | | | |
| | | | | | | | | | |
| | | | | | | | | | |
| | | | | | | | | | |
| | | | | | | | | | |
| 技术负责人 | | | | 质检员 | | | 记录人 | | |
| | | | | | | | | | |

注:本表由施工单位填写,城建档案馆、建设单位、施工单位保存,向城建档案馆报送、组卷。

**表 9.33　燃气管道气压严密性试验记录(二)**

编　　号:________

| 工程名称 | | | | | |
|---|---|---|---|---|---|
| 施工单位 | | | | | |
| 起止桩号 | | 长度/m | | 公称直径/mm | |
| 压力等级 | | 管道材质 | | 试验介质 | |
| 压力计种类 | | 压力计精度等级 | | 压力单位 | |
| 充气时间 | | | | 稳压时间/h | |

| 时间 | | 压力 | | 时间 | | 压力 | | 时间 | | 压力 | |
|---|---|---|---|---|---|---|---|---|---|---|---|
| 时 | 分 | | | 时 | 分 | | | 时 | 分 | | |
| | | | | | | | | | | | |
| | | | | | | | | | | | |
| | | | | | | | | | | | |
| | | | | | | | | | | | |
| | | | | | | | | | | | |
| | | | | | | | | | | | |
| | | | | | | | | | | | |
| | | | | | | | | | | | |
| | | | | | | | | | | | |
| | | | | | | | | | | | |
| | | | | | | | | | | | |
| | | | | | | | | | | | |
| | | | | | | | | | | | |
| | | | | | | | | | | | |
| | | | | | | | | | | | |

其他说明:

| 技术负责人 | 质检员 | 记录人 |
|---|---|---|
| | | |

注:本表由施工单位填写,城建档案馆、建设单位、施工单位保存。向城建档案馆报送、组卷。

(2)管道工程施工后,应按照设计要求对燃气管道进行内部处理,处理后填写《管道通球试验记录》(表 9.34)、《管道系统吹洗(脱脂)记录》(表 9.35)。

**表 9.34　管道通球试验记录**

编　　号:______

| 工程名称 | | | |
|---|---|---|---|
| 施工单位 | | | |
| 试验单位 | | 试验日期 | |
| 管道公称直径/mm | | 起止桩号 | |
| 发球时间 | | 收球时间 | |

试验情况:

试验结论:

| 监理(建设)单位 | 施工单位 | 试验单位 |
|---|---|---|
| | | |

注:本表由施工单位填写,建设单位、施工单位保存。

**表 9.35　管道系统吹洗(脱脂)记录**

编　　号:______

| 工程名称 | | | 部位工程名称 | | | | | | |
|---|---|---|---|---|---|---|---|---|---|
| 施工单位 | | | 吹洗(脱脂)日期 | | | | | | |
| 管道系统编号 | 管道材质 | 工作介质 | 吹洗 | | | 脱脂 | | | |
| | | | 介质 | 压力/MPa | 流速/(m·s$^{-1}$) | 吹洗次数 | 鉴定 | 介质 | 鉴定 |
| | | | | | | | | | |
| | | | | | | | | | |
| | | | | | | | | | |
| | | | | | | | | | |
| | | | | | | | | | |
| | | | | | | | | | |
| | | | | | | | | | |
| | | | | | | | | | |

| 监理(建设)单位 | 施工单位 | | |
|---|---|---|---|
| | 技术负责人 | 质检员 | 施工员 |
| | | | |

注:本表由施工单位填写,建设单位、施工单位保存。

(3)阴极保护系统安装全部完成后,在监理(建设)单位的组织下,应对被保护系统的保护电位进行测量验收,填写《阴极保护系统验收测试记录》(表9.36)。表中电位为相对于饱和硫酸铜电极电位(-V),测试位置(桩号)为设计图纸的位置(桩号)。

**表9.36 阴极保护系统验收测试记录**

编　　号:______

| 工程名称 | | | | | | |
|---|---|---|---|---|---|---|
| 施工单位 | | | | | | |
| 阴极保护安装单位 | | | | 参比电极种类 | | |
| 测试单位 | | | | | | |
| 序号 | 阳极埋设时间 | 测试位置(桩号) | 保护电位/(-V) | 阳极开路电位/(-V) | 阳极输出电流/mA | 备注 |
| | | | | | | |
| | | | | | | |
| | | | | | | |
| | | | | | | |
| | | | | | | |
| | | | | | | |
| | | | | | | |
| | | | | | | |
| | | | | | | |
| | | | | | | |
| | | | | | | |

验收结论:

□合格　　□不合格

| 监理(设计)单位 | 施工单位 | 安装单位 | 测试单位 |
|---|---|---|---|
| | | | |
| 测试时间 | | | |

注:本表由施工单位填写,建设单位、施工单位保存。

## ◆污水管道闭水试验

污水、雨污水合流管道完工后应分段进行污水管道闭水试验,填写《污水管道闭水试验记录》(表 9.37)。

**表 9.37　污水管道闭水试验记录**

编　号:________

<table>
<tr><td>工程名称</td><td colspan="6"></td></tr>
<tr><td>施工单位</td><td colspan="6"></td></tr>
<tr><td>起止井号</td><td colspan="6">________号井段至________号井段,带________号井</td></tr>
<tr><td>管道内径/mm</td><td></td><td>接口形式</td><td></td><td>管材种类</td><td colspan="2"></td></tr>
<tr><td>试验日期</td><td colspan="3"></td><td>试验次数</td><td colspan="2">第　　次共试　　次</td></tr>
<tr><td>试验水头</td><td colspan="6">高于上游管顶　　　m</td></tr>
<tr><td>允许漏水量/($m^3 \cdot 24\ h^{-1} \cdot km^{-1}$)</td><td colspan="6"></td></tr>
<tr><td rowspan="2">试验结果</td><td colspan="6">1. 全长________m,经________h 共渗水________$m^3$</td></tr>
<tr><td colspan="6">2. 折合________$m^3/24\ h \cdot km$</td></tr>
<tr><td>目测渗漏情况</td><td colspan="6"></td></tr>
<tr><td>鉴定意见</td><td colspan="6"></td></tr>
<tr><td rowspan="2">监理(建设)单位</td><td colspan="6">施工单位</td></tr>
<tr><td colspan="2">技术负责人</td><td colspan="2">质检员</td><td colspan="2">施工员</td></tr>
<tr><td></td><td colspan="2"></td><td colspan="2"></td><td colspan="2"></td></tr>
</table>

注:本表由施工单位填写,建设单位、施工单位保存。

## 【实　务】

### ◆给水、供热管网冲洗记录填写范例

给水、供热管网冲洗记录填写范例,见表9.38。

**表9.38　给水、供热管网冲洗记录**

编　号:×××

| 工程名称 | ××市政工程 | |
|---|---|---|
| 施工单位 | ××市政工程公司 | |
| 冲洗范围(桩号) | 0+215.5~0+350 | |
| 冲洗长度/m | 134.5 | |
| 冲洗介质 | 自来水 | |
| 冲洗方法 | 单向冲洗 | |
| 冲洗日期 | 2010-07-20 | |
| 冲洗情况及结果:<br>从9:00开始冲洗,以采暖供水管口为冲洗点,压力值为0.3 MPa,采暖回水管为泄水点进行冲洗,到10:30分,泄水点水色透明与进水目测一致、无杂物,停止冲洗。<br>试验冲洗结果符合设计及施工规范,合格。 | | |
| 备　注: | | |
| 监理(建设)单位 | 施工单位 | |
| | 技术负责人 | 质检员 |
| ××× | ××× | ××× |

注:本表由施工单位填写,建设单位、施工单位保存。

## ◆管道系统吹洗(脱脂)记录填写范例

管道系统吹洗(脱脂)记录填写范例,见表9.39。

**表9.39　管道系统吹洗(脱脂)记录**

编　　号:×××

| 工程名称 | | ××市政工程 | | 部位工程名称 | | | 采暖系统 | | |
|---|---|---|---|---|---|---|---|---|---|
| 施工单位 | | ××市政工程公司 | | 吹洗(脱脂)日期 | | | 2010-08-20 | | |
| 管道系统编号 | 管道材质 | 工作介质 | 吹洗 | | | | | 脱脂 | |
| | | | 介质 | 压力/MPa | 流速/($m\cdot s^{-1}$) | 吹洗次数 | 鉴定 | 介质 | 鉴定 |
| 0+215.5~0+550 | 无缝钢管 | 自来水 | 水 | 0.60 | 0.030 | 1 | 合格 | | |
| | | | | | | | | | |
| | | | | | | | | | |
| | | | | | | | | | |
| | | | | | | | | | |
| | | | | | | | | | |
| | | | | | | | | | |
| | | | | | | | | | |
| | | | | | | | | | |
| 监理(建设)单位 | | | 施工单位 | | | | | | |
| | | | 技术负责人 | | 质检员 | | | 施工员 | |
| ××× | | | ××× | | ××× | | | ××× | |

注:本表由施工单位填写,建设单位、施工单位保存。

# 9.5 厂(场)、站设备安装工程施工试验记录

## 【基 础】

### ◆调试记录(通用)

一般设备、设施在调试时,在没有专用表格的情况下,均可采用表9.40进行记录。

表9.40 调试记录(通用)

编 号:________

<table>
<tr><td>工程名称</td><td colspan="4"></td></tr>
<tr><td>施工单位</td><td colspan="4"></td></tr>
<tr><td>调试单位</td><td colspan="4"></td></tr>
<tr><td>部位工程</td><td colspan="2"></td><td>调试项目</td><td></td></tr>
<tr><td>设备或设施名称</td><td colspan="2"></td><td>规格型号</td><td></td></tr>
<tr><td>系统编号</td><td colspan="2"></td><td>调试日期</td><td></td></tr>
<tr><td>调试内容及要求</td><td colspan="4"></td></tr>
<tr><td>调试结论</td><td colspan="4"></td></tr>
<tr><td rowspan="2">监理(建设)单位</td><td colspan="2">施工单位</td><td colspan="2" rowspan="2">调试单位</td></tr>
<tr><td>技术负责人</td><td>质检员</td></tr>
<tr><td></td><td></td><td></td><td colspan="2"></td></tr>
</table>

注:本表由施工单位填写,建设单位、施工单位保存。

### ◆设备单机运行记录(通用)

各种运转设备试运行在没有专用表格的情况下,常采用表9.41进行记录。

表9.41 设备单机运行记录(通用)

编 号:________

<table>
<tr><td colspan="2">工程名称</td><td colspan="2"></td><td>设备名称</td><td colspan="2"></td></tr>
<tr><td colspan="2">施工单位</td><td colspan="2"></td><td>规格型号</td><td colspan="2"></td></tr>
<tr><td colspan="2">试验单位</td><td colspan="2"></td><td>额定数据</td><td colspan="2"></td></tr>
<tr><td colspan="2">设备所在系统</td><td colspan="2"></td><td>台数</td><td colspan="2"></td></tr>
<tr><td>序号</td><td colspan="2">重点检查项目</td><td colspan="3">主要技术要求</td><td>试验结论</td></tr>
<tr><td>1</td><td colspan="2">盘车检查</td><td colspan="3">转运灵活、无异常现象</td><td></td></tr>
<tr><td>2</td><td colspan="2">有无异常音响</td><td colspan="3">无异常噪声、声响</td><td></td></tr>
</table>

续表 9.41

| 序号 | 重点检查项目 | 主要技术要求 | 试验结论 |
|---|---|---|---|
| 3 | 轴承温度 | ①滑动轴承及往复运部件的温升不得超过 35 ℃,最高温不得超过 65 ℃。<br>②滚动轴承的温升不得超过 40 ℃,最高温度不得超过 75 ℃。<br>③填料或机械密封的温度应符合技术文件的规定。 | |
| 4 | 其他主要部位的温度及各系统的压力参数 | 在规定范围内 | |
| 5 | 振动值 | 不超过规定值 | |
| 6 | 驱动电机的电压、电流及温升 | 不超过规定值 | |
| 7 | 机器各部位的紧固情况 | 无构动现象 | |
| 8 | | | |

综合结论:

□合格　□不合格

| 监理(建设)单位 | 施工单位 | |
|---|---|---|
| | 技术负责人 | 质检员 |
| | | |

注:本表由施工单位填写,建设单位、施工单位保存。

## ◆设备强度/严密性试验

气柜、容器、箱罐等设备安装后,应按照设计要求进行强度/严密性试验,填写《设备强度/严密性试验记录》(表 9.42)。

表 9.42　设备强度/严密性试验

编　　号:______

| 工程名称 | | | | | | |
|---|---|---|---|---|---|---|
| 施工单位 | | | | | | |
| 设备名称 | | | | 设备位号 | | |
| 试验性质 | □强度试验 | □严密性试验 | | 试验日期 | | |
| 环境温度/℃ | | 试验介质温度/℃ | | 压力表精度 | | |
| 试验部位 | 设计压力/MPa | 设计温度/℃ | 最大工作压力/MPa | 工作介质 | 试验压力/MPa | 试验介质 |
| 壳程 | | | | | | |
| 管程 | | | | | | |

续表 9.42

| 试验要求： | |
|---|---|
| 试验情况记录： | |
| 试验结论：<br><br>□合格　　　□不合格 | |
| 监理（建设）单位 | 施工单位 |
| | |

注：本表由施工单位填写，城建档案馆、建设单位、施工单位保存，向城建档案馆报送、组卷。

## ◆起重机试运行试验记录

起重机包括桥式起重机、电动葫芦等，起重设备安装后，应进行静负荷、动动负荷试验，填写《起重机试运行试验记录》（表 9.43）。

表 9.43　　起重机试运行试验记录

编　　号：______

| 工程名称 | | | 设备名称 | |
|---|---|---|---|---|
| 施工单位 | | | 规格型号 | |
| 安装位置 | | | 试验时间 | |
| 主要检查项目 | | | 主要技术要求 | 检查结果 |
| 试运转前检查 | 1 | 电气系统、安全连锁装置、制动器、控制器、照明和信号系统 | 动作灵敏、准确 | |
| | 2 | 钢丝绳端的固定及其在吊钩、取物装置、滑轮组和卷筒上的缠绕 | 正确、可靠 | |
| | 3 | 各润滑点和减速器所加油、脂的性能、规格和数量 | 符合设备技术文件的规定 | |
| | 4 | 盘动各运动机构的制动轮 | 均使转动系统中最后一根轴旋转一周无阻滞现象 | |

续表 9.43

| | | | | |
|---|---|---|---|---|
| 空负荷试动转 | 1 | 操纵机构的操作方向 | 与起重机的各机构运转方向相符 | |
| | 2 | 分别开动各机构的电动机 | 运转正常;大车、小车运行时不卡轨;各制动器能准确地动作,各限位开关及安全装置动作应准确、可靠 | |
| | 3 | 卷筒上钢丝绳的缠绕圈数 | 当吊勾在最低位置时,不少于2圈 | |
| | 4 | 电缆的放缆和收缆速度 | 与相应的机构速度相协调,并满足工作极限位置的要求 | |
| | 5 | 夹轨器、制动器、防风抗滑的锚定装备和大车防偏斜装置;起重机的防碰撞装置、缓冲装置 | 动作准确、可靠 | |
| | 6 | 试验的最少次数 | 1、2、3、4 项不少于五次,且动作准确无误;5 项为 1 ~ 2 次,且动作准确无误 | |
| 静负荷试验 | 1 | 小车在全行程上空载试运行 | 不少于 3 次 | |
| | 2 | 升至额定负荷,在全行程上往返数次 | 各部分无异常;卸载后桥架无异常 | |
| | 3 | 小车在最不利位置处,起升额定起重量 1.25 倍的负荷,在离地面 100 ~ 200mm 处停留≥10min | 无失稳现象;卸载荷后,桥架金属结构无裂纹、焊缝无开裂、无油漆脱落、无影响安全的其他缺陷 | |
| | 4 | 第 3 项试验三次后,检查并测量主梁的实际上拱度或悬臂的上翘度 | 无永久变形;通用桥式(门式)起重上拱度≥0.7 s/1 000 mm;悬臂式起重机上翘度≥0.7 $L$/350mm | |
| | 5 | 检查起重机的静刚度 | 应符合《起重设备安装工程施工及验收规范》(GB 50278—2010)的要求 | |
| 动负荷试验 | 在额定起重量的 1.1 倍负荷下启动及运行时间:电动起重机不应小于 1 h,手动起重机不小于 10 min | | 各机构的动作灵敏、平稳、可靠、安全保护、连锁装置和限位开关的动作准确、可靠 | |

综合结论:

□合格　　□不合格

| 监理(建设)单位 | 施工单位 | |
|---|---|---|
| | 技术负责人 | 质检员 |
| | | |

注:本表由施工单位填写,建设单位、施工单位保存。

## ◆设备负荷联动(系统)试运行记录

设备(系统)进行负荷联动试运行时,应采用表9.44进行记录。负荷联动试运行时间若无特殊要求常为72 h。另外,污水厂站工程设备(系统)负荷联动试运行包括清水情况下及污水情况下两个过程,每个过程按表9.44分别做记录。

**表9.44 设备负荷联动(系统)试运行记录**

编　号:________

| 工程名称 | | | |
|---|---|---|---|
| 施工单位 | | | |
| 试验系统 | | | |
| 试运行时间 | 自　年　月　日　时起至自　年　月　日　时 | | |
| 试运行内容: | | | |
| 试运行情况: | | | |
| 说明: | | | |
| 结合结论:<br><br>□合格<br>□不合格 | | | |
| 监理(建设)单位<br>(签字、盖章) | 设计单位<br>(签字、盖章) | 施工单位<br>(签字、盖章) | |
| | | | |

注:本表由施工单位填写,城建档案馆、建设单位、施工单位保存,向城建档案馆报送、组卷。

## ◆安全阀调试记录

燃气、热力管道系统及厂(场)、站工程中安装的安全阀,在使用前均须进行开启压力的调整并填写《安全阀调试记录》(表9.45)。

**表9.45 安全阀调试记录**

编　　号:________

| 工程名称 | | | |
|---|---|---|---|
| 施工单位 | | | |
| 安全阀安装地点 | | | |
| 安全阀规格型号 | | | |
| 工作介质 | | 设计开启压力/MPa | |
| 试验介质 | | 试验开启压力/MPa | |
| 试验次数 | | 试验回座压力/MPa | |
| 试运行时间 | 自　年　月　日　时起至自　年　月　日　时 | | |

调试情况及结论:

| 监理(建设)单位 | 审核人 | 试验员 | 调试单位(章) |
|---|---|---|---|
| | | | |
| 调试日期 | | | |

注:本表由施工单位填写,城建档案馆、建设单位、施工单位保存,向城建档案馆报送、组卷。

## ◆厂(场)、站构筑物功能试验

厂(场)、站工程水工构筑物(如消防水池、污水处理厂的集水池、消化池、曝气池、沉淀池、水厂的清水池、澄清池、滤池、沉淀池等)需进行功能试验。

(1)《水池满水试验记录》(表9.46)。

(2)《消化池气密性试验记录》(表9.47)。

(3)《曝气均匀性试验记录》(表9.48)适用于污水厂站工程水池池底安全曝气头或曝气器情况,当在池顶部或污水上表面安装曝气设施时(如转刷等)不需做曝气均匀性试验。

**表9.46 水池满水试验记录**

编　　号:________

| 工程名称 | | | |
|---|---|---|---|
| 施工单位 | | | |
| 水池名称 | | 注水日期 | |
| 水池结构 | | 允许渗水量/($L \cdot m^{-2} \cdot d^{-1}$) | |
| 水池平面尺寸/$m^2$ | | 水面面积$A_1/m^2$ | |
| 水深/m | | 湿润面积$A_2/m^2$ | |
| 测读记录 | 初读数 | 未读数 | 两次计数差 |
| 测读时间 | | | |
| 池内水位$E$/mm | | | |
| 蒸发水箱水位$e$/mm | | | |
| 大气温度/℃ | | | |
| 水温/℃ | | | |
| 实际渗水量 | $m^3/d$ | $L/m^2 \cdot d$ | 占允许量的百分率/% |
| | | | |

实验结论:

| 监理(建设)单位 | 施工单位 | | |
|---|---|---|---|
| | 技术负责人 | 质检员 | 测量人 |
| | | | |

注:本表由施工单位填写,城建档案馆、建设单位、施工单位保存。

**表 9.47　消化池气密性试验记录**

编　　号:________

| 工程名称 | | | |
|---|---|---|---|
| 施工单位 | | | |
| 池号 | | 试验日期 | |
| 气室顶面直径/m | | 顶面面积/$m^2$ | |
| 气室底面直径/m | | 底面面积/$m^2$ | |
| 气室高度/m | | 气室体积/$m^3$ | |
| 测读记录 | 初读数 | 末读数 | 两次计数差 |
| 测读时间 | | | |
| 池内气压/Pa | | | |
| 大气压力/Pa | | | |
| 池内气温/℃ | | | |
| 水池水位 $E$/mm | | | |
| 压力降/Pa | | | |
| 压力降占试验压力/% | | | |

备注:

试验结论:

| 监理(建设)单位 | 施工单位 | | |
|---|---|---|---|
| | 技术负责人 | 质检员 | 测量人 |
| | | | |

注:本表由施工单位填写,城建档案馆、建设单位、施工单位保存。

**表 9.48 曝气均匀性试验记录**

编　　号:________

<table>
<tr><td colspan="2">工程名称</td><td colspan="4"></td></tr>
<tr><td colspan="2">施工单位</td><td colspan="4"></td></tr>
<tr><td colspan="2">曝气设备名称</td><td></td><td>曝气设备</td><td colspan="2"></td></tr>
<tr><td colspan="2">试验时间</td><td colspan="4">年　　月　　日</td></tr>
<tr><td rowspan="2">试验过程</td><td>清水面在出气口以上 50 mm 处</td><td colspan="4"></td></tr>
<tr><td>清水面在出气口以上 1 000 mm 处</td><td colspan="4"></td></tr>
<tr><td colspan="2">结论</td><td colspan="4"></td></tr>
</table>

<table>
<tr><td rowspan="2">监理(建设)单位</td><td colspan="2">施工单位</td></tr>
<tr><td>技术负责人</td><td>质检员</td></tr>
<tr><td></td><td></td><td></td></tr>
</table>

注:本表由施工单位填写,城建档案馆、建设单位、施工单位保存。

## ◆防水工程试水记录

防水工程完成后,若需要进行试水试验,应填写防水工程试水记录(表9.49),并明确检查方式。如采用蓄水方式,应填写蓄水起止时间。

**表9.49　防水工程试水记录**

编　　号:____

<table>
<tr><td>工程名称</td><td colspan="4"></td></tr>
<tr><td>施工单位</td><td colspan="4"></td></tr>
<tr><td>专业施工单位</td><td colspan="4"></td></tr>
<tr><td>检查部位</td><td></td><td>检查日期</td><td colspan="2"></td></tr>
<tr><td>检查方式</td><td>□蓄水　　□淋水</td><td>蓄水时间</td><td colspan="2">从　年　月　日时起<br>至　年　月　日时止</td></tr>
<tr><td colspan="5">检查结果:</td></tr>
<tr><td colspan="5">复查结果:<br><br>复查人:　　　　　　　　复查日期:　年　月　日</td></tr>
<tr><td colspan="5">其他说明:</td></tr>
</table>

<table>
<tr><td rowspan="2">监理(建设)单位</td><td rowspan="2">施工单位</td><td colspan="3">施工单位</td></tr>
<tr><td>技术负责人</td><td>质检员</td><td>施工员</td></tr>
<tr><td></td><td></td><td></td><td></td><td></td></tr>
</table>

注:本表由施工单位填写,建设单位、施工单位保存。

# 【实　务】

## ◆设备单机运行记录(通用)填写范例

设备单机运行记录(通用)填写范例,见表9.50。

**表9.50　设备单机运行记录(通用)**

编　　号:×××

| 工程名称 | ××市政工程 | 设备名称 | 排烟风机 |
|---|---|---|---|
| 施工单位 | ××市政工程公司 | 规格型号 | ××× |
| 试验单位 | ××设备检测站 | 额定数据 | 5.0 |
| 设备所在系统 | ××× | 台数 | 2 |

| 序号 | 重点检查项目 | 主要技术要求 | 试验结论 |
|---|---|---|---|
| 1 | 盘车检查 | 转运灵活、无异常现象 | 符合要求 |
| 2 | 有无异常音响 | 无异常噪声、声响 | 符合要求 |
| 3 | 轴承温度 | ①滑动轴承及往复运部件的温升不得超过35 ℃,最高温不得超过65 ℃<br>②滚动轴承的温升不得超过40 ℃,最高温度不得超过75 ℃<br>③填料或机械密封的温度应符合技术文件的规定 | 符合要求 |
| 4 | 其他主要部位的温度及各系统的压力参数 | 在规定范围内 | 符合要求 |
| 5 | 振动值 | 不超过规定值 | 符合要求 |
| 6 | 驱动电机的电压、电流及温升 | 不超过规定值 | 符合要求 |
| 7 | 机器各部位的紧固情况 | 无构动现象 | 符合要求 |

综合结论:

☑合格　　☐不合格

| 监理(建设)单位 | 施工单位 | |
|---|---|---|
| | 技术负责人 | 质检员 |
| ××× | ××× | ××× |

注:本表由施工单位填写,建设单位、施工单位保存。

## ◆起重机试运行试验记录填写范例

起重机试运行试验记录填写范例,见表 9.51。

**表 9.51 起重机试运行试验记录**

编 号:×××

| 工程名称 | | ××市政工程 | 设备名称 | ××× |
|---|---|---|---|---|
| 施工单位 | | ××市政工程公司 | 规格型号 | ××× |
| 安装位置 | | 室内吊车梁 | 试验时间 | 2010-03-12 |

| 主要检查项目 | | | 主要技术要求 | 检查结果 |
|---|---|---|---|---|
| 试运转前检查 | 1 | 电气系统、安全连锁装置、制动器、控制器、照明和信号系统 | 动作灵敏、准确 | 符合要求 |
| | 2 | 钢丝绳端的固定及其在吊钩、取物装置、滑轮组和卷筒上的缠绕 | 正确、可靠 | |
| | 3 | 各润滑点和减速器所加油、脂的性能、规格和数量 | 符合设备技术文件的规定 | |
| | 4 | 盘动各运动机构的制动轮 | 均使转动系统中最后一根轴旋转一周无阻滞现象 | |
| 空负荷试运转 | 1 | 操纵机构的操作方向 | 与起重机的各机构运转方向相符 | 符合要求 |
| | 2 | 分别开动各机构的电动机 | 运转正常;大车、小车运行时不卡轨;各制动器能准确地动作,各限位开关及安全装置动作应准确、可靠 | |
| | 3 | 卷筒上钢丝绳的缠绕圈数 | 当吊勾在最低位置时,不少于2圈 | |
| | 4 | 电缆的放缆和收缆速度 | 与相应的机构速度相协调,并满足工作极限位置的要求 | |
| | 5 | 夹轨器、制动器、防风抗滑的锚定装备和大车防偏斜装置;起重机的防碰撞装置、缓冲装置 | 动作准确、可靠 | |
| | 6 | 试验的最少次数 | 1、2、3、4 项不少于五次,且动作准确无误;5 项为 1~2 次,且动作准确无误 | |
| 静负荷试验 | 1 | 小车在全行程上空载试运行 | 不少于 3 次 | 符合要求 |
| | 2 | 升至额定负荷,在全行程上往返数次 | 各部分无异常;卸载后桥架无异常 | |

**续表 9.51**

<table>
<tr><td rowspan="3">静负荷试验</td><td>3</td><td>小车在最不利位置处，起升额定起重量 1.25 倍的负荷，在离地面 100～200mm 处停留≥10min</td><td>无失稳现象；卸载荷后，桥架金属结构无裂纹、焊缝无开裂、无油漆脱落、无影响安全的其他缺陷</td><td rowspan="3">符合要求</td></tr>
<tr><td>4</td><td>第 3 项试验三次后，检查并测量主梁的实际上拱度或悬臂的上翘度</td><td>无永久变形；通用桥式（门式）起重上拱度≥0.7 s/1 000 mm；悬臂式起重机上翘度≥0.7 L/350 mm</td></tr>
<tr><td>5</td><td>检查起重机的静刚度</td><td>应符合《起重设备安装工程施工及验收规范》（GB 50278—2010）的要求</td></tr>
<tr><td>动负荷试验</td><td colspan="2">在额定起重量的 1.1 倍负荷下启动及运行时间：电动起重机不应小于 1 h，手动起重机不小于 10 min</td><td>各机构的动作灵敏、平稳、可靠、安全保护、连锁装置和限位开关的动作准确、可靠</td><td>符合要求</td></tr>
</table>

综合结论：

☑合格　　□不合格

<table>
<tr><td rowspan="2">监理（建设）单位</td><td colspan="2">施工单位</td></tr>
<tr><td>技术负责人</td><td>质检员</td></tr>
<tr><td>×××</td><td>×××</td><td>×××</td></tr>
</table>

注：本表由施工单位填写，建设单位、施工单位保存。

# 9.6　电气安装工程施工试验记录

## 【基　础】

### ◆电气绝缘电阻测试记录

电气安装工程安装的所有高、低压电气设备、线路、电缆等,在送电试运行前必须全部按规范要求进行绝缘电阻测试,填写《电气绝缘电阻测试记录》(表9.52)。

**表9.52　电气绝缘电阻测试记录**

编　　号:________

| 工程名称 | | | | | | 部位名称 | | | | | |
|---|---|---|---|---|---|---|---|---|---|---|---|
| 施工单位 | | | | | | | | | | | |
| 仪表型号 | | 仪表电压/V | | | | | | 计量单位 | | | |
| 测试日期 | | 天气情况 | | | | | | 气温/℃ | | | |
| 电缆(线)编号<br>(电气设备名称) | 规格型号 | 相间 | | | 相对零 | | | 相对地 | | | 零对地 |
| | | $L_1-L_2$ | $L_2-L_3$ | $L_3-L_1$ | $L_1-N$ | $L_2-N$ | $L_3-N$ | $L_1-PE$ | $L_2-PE$ | $L_3-PE$ | $N-PE$ |
| | | | | | | | | | | | |
| | | | | | | | | | | | |
| | | | | | | | | | | | |
| | | | | | | | | | | | |
| | | | | | | | | | | | |
| | | | | | | | | | | | |
| | | | | | | | | | | | |
| | | | | | | | | | | | |
| | | | | | | | | | | | |
| 测试结论 | □合　格<br>□不合格 | | | | | | | | | | |

| 监理(建设)单位 | 施工单位 | | |
|---|---|---|---|
| | 技术负责人 | 质检员 | 测量人 |
| | | | |

注:本表由施工单位填写,城建档案馆、建设单位、施工单位保存,向城建档案馆报送、组卷。

## ◆电气照明全负荷试运行记录

建筑照明系统通电连续全负荷试运行时间为 24 小时,所有灯具均应开启,且每 2 小时对照明电路各回路的电压、电流等运行数据进行记录(表 9.53)。

**表 9.53　电气照明全负荷试运行记录**

编　　号:_______

| 工程名称 | | | | | | | | |
|---|---|---|---|---|---|---|---|---|
| 部位工程 | | | | | | | | |
| 施工单位 | | | | | | | | |
| 试运行时间 | 自　年　月　日　时分开始,至　年　月　日　时　分结束 | | | | | | | |
| 填写日期 | 年　月　日 | | | | | | | |

| 序号 | 回路名称 | 设计容量 /kW | 试运行时间 /h | 运行电压/V | | | 运行电流/A | | |
|---|---|---|---|---|---|---|---|---|---|
| | | | | $L_1-N$ ($L_1-L_2$) | $L_2-N$ ($L_2-L_3$) | $L_3-N$ ($L_3-L_1$) | $L_1$ 相 | $L_2$ 相 | $L_3$ 相 |
| | | | | | | | | | |
| | | | | | | | | | |
| | | | | | | | | | |
| | | | | | | | | | |
| | | | | | | | | | |
| | | | | | | | | | |
| | | | | | | | | | |

试运行情况记录及运行结论:

| 监理(建设)单位 | 施工单位 | | |
|---|---|---|---|
| | 项目技术负责人 | 质检员 | 测量人 |
| | | | |

注:本表由施工单位填写,城建档案馆、建设单位、施工单位保存,向城建档案馆报送、组卷。

## ◆电机试运行记录

新安装的电动机,验收前必须进行通电试运行。对电压、电流、转速、温度、振动噪声等数据以及控制系统运行状态进行记录(表 9.54),电动机空载试运行时间宜为 2 小时。

**表9.54　电机试运行记录**

编　　号:________

<table>
<tr><td>工程名称</td><td colspan="5"></td></tr>
<tr><td>施工单位</td><td colspan="5"></td></tr>
<tr><td>设备名称</td><td colspan="2"></td><td>安装位置</td><td colspan="2"></td></tr>
<tr><td>施工图号</td><td></td><td>电机型号</td><td></td><td>设备位号</td><td></td></tr>
<tr><td>电机额定数据</td><td colspan="3">KW,　　　　A</td><td>环境温度/℃</td><td></td></tr>
<tr><td>试运行时间</td><td colspan="5">自　　年　　月　　日　　时　　分起至　　年　　月　　日　　时　　分止</td></tr>
</table>

| 序号 | 试验项目 | 试验状态 | 试验结果 | 备注 |
|---|---|---|---|---|
| 1 | 电源电压/V | □空载　□负载 | | |
| 2 | 电机电流/A | □空载　□负载 | | |
| 3 | 电机转速/$(r\cdot min^{-1})$ | □空载　□负载 | | |
| 4 | 定子绕组温度/℃ | □空载　□负载 | | |
| 5 | 外壳温度/℃ | □空载　□负载 | | |
| 6 | 轴承温度/℃ | □前　□后 | | |
| 7 | 启动时间/s | | | |
| 8 | 振动值(双倍振幅值)/mm | | | |
| 9 | 噪声/dB | | | |
| 10 | 碳刷与换向器或滑环 | 工作状态 | | |
| 11 | 冷却系统 | 工作状态 | | |
| 12 | 润滑系统 | 工作状态 | | |
| 13 | 控制柜继电保护 | 工作状态 | | |
| 14 | 控制柜控制系统 | 工作状态 | | |
| 15 | 控制柜调速系统 | 工作状态 | | |
| 16 | 控制柜测量仪表 | 工作状态 | | |
| 17 | 控制柜信号指示 | 工作状态 | | |
| 18 | | | | |
| 试验结论 | | | | |

<table>
<tr><td rowspan="2">监理(建设)单位</td><td colspan="3">施工单位</td></tr>
<tr><td>项目技术负责人</td><td>质检员</td><td>测量员</td></tr>
<tr><td></td><td></td><td></td><td></td></tr>
</table>

注:本表由施工单位填写,城建档案馆、建设单位、施工单位保存,向城建档案馆报送、组卷。

## ◆变压器试运行检查记录

新安装的变压器必须进行通电试运行,对一、二次电压、电流、油温等数据进行测量,检查分接头位置、瓷套管有无闪络放电、冲击合闸情况、风扇工作情况及有无渗油等,并做记录。变压器试运行检查记录表格的样式,见表9.55。

**表9.55 电机试运行记录**

编 号:____

| 工程名称 | | | |
|---|---|---|---|
| 施工单位 | | 环境温度/℃ | |
| 施工图号 | | 生产厂 | |
| 设备型号 | | 规定数据 | |
| 接线组别 | | 出厂编号 | |
| 试运行时间 | 自 年 月 日 时 分起至 年 月 日 时 分止 | | |

| 序号 | 检查项目 | 试验结果 | 备注 |
|---|---|---|---|
| 1 | 电源电压/V | | |
| 2 | 二次空载电压/V | | |
| 3 | 分接头位置 | | |
| 4 | 操场/dB | | |
| 5 | 二次电流/A | | |
| 6 | 瓷套管有无放电闪络 | | |
| 7 | 引线接头、电缆、母线有无过热 | | |
| 8 | 5次空载全压冲击合闸情况 | | |
| 9 | 风冷变压器风扇工作状态是否符合制造厂规定 | | |
| 10 | 上层油温/℃ | | |
| 11 | 并联运行的变压器核相试验 | | |
| 12 | 检查变压器各部位有无渗油 | | |
| 13 | 测温装置指示是否正常 | | |
| 14 | | | |
| | | | |
| | | | |
| | | | |
| | | | |

| 试验结论 | | | |
|---|---|---|---|
| 监理(建设)单位 | 施工单位 | | |
| | 项目技术负责人 | 质检员 | 测量员 |
| | | | |

注:本表由施工单位填写,城建档案馆、建设单位、施工单位保存,向城建档案馆报送、组卷。

# 【实　务】

## ◆电气绝缘电阻测试记录填写范例

电气绝缘电阻测试记录填写范例，见表9.56。

**表9.56　电气绝缘电阻测试记录**

编　号：______

| 工程名称 | ××市政工程 | | | | | 部位名称 | | ××× | | | |
|---|---|---|---|---|---|---|---|---|---|---|---|
| 施工单位 | ××安装公司 | | | | | | | | | | |
| 仪表型号 | ××× | 仪表电压/V | | | 500 V | | | 计量单位 | | | MΩ |
| 测试日期 | 2010-03-12 | 天气情况 | | | 晴 | | | 气温/℃ | | | 15 |
| 电缆(线)编号（电气设备名称） | 规格型号 | 相间 | | | 相对零 | | | 相对地 | | | 零对地 |
| | | $L_1-L_2$ | $L_2-L_3$ | $L_3-L_1$ | $L_1-N$ | $L_2-N$ | $L_3-N$ | $L_1-PE$ | $L_2-PE$ | $L_3-PE$ | $N-PE$ |
| 配电柜 | ××× | 145 | 165 | 185 | 165 | 175 | 145 | 135 | 155 | 145 | 145 |
| | | | | | | | | | | | |
| | | | | | | | | | | | |
| | | | | | | | | | | | |
| | | | | | | | | | | | |
| | | | | | | | | | | | |
| | | | | | | | | | | | |
| | | | | | | | | | | | |
| 测试结论 | ☑合　格<br>□不合格 | | | | | | | | | | |

| 监理(建设)单位 | 施工单位 | | |
|---|---|---|---|
| | 技术负责人 | 质检员 | 测量人 |
| ××× | ××× | ××× | ××× |

注：本表由施工单位填写，城建档案馆、建设单位、施工单位保存，向城建档案馆报送、组卷。

## ◆电气照明全负荷试运行记录填写范例

电气照明全负荷试运行记录填写范例,见表9.57。

**表9.57　电气照明全负荷试运行记录**

编　号:×××

| 工程名称 | ××市政工程 |
|---|---|
| 部位工程 | 厂房照明 |
| 施工单位 | ××安装公司 |
| 试运行时间 | 自2010年5月7日8时0分开始,至2010年5月8日8时0分结束 |
| 填写日期 | 2010年5月8日 |

| 序号 | 回路名称 | 设计容量/kW | 试运行时间/h | 运行电压/V | | | 运行电流/A | | |
|---|---|---|---|---|---|---|---|---|---|
| | | | | $L_1-N$ ($L_1-L_2$) | $L_2-N$ ($L_2-L_3$) | $L_3-N$ ($L_3-L_1$) | $L_1$相 | $L_2$相 | $L_3$相 |
| 1 | ××× | 10 | 8 | 220 | 220 | 200 | 41 | 42 | 41 |
| 2 | ××× | 9 | 8 | 220 | 220 | 221 | 41 | 41 | 40 |
| 3 | ××× | 8 | 8 | 220 | 220 | 220 | 38 | 36 | 36 |
| | | | | | | | | | |
| | | | | | | | | | |
| | | | | | | | | | |
| | | | | | | | | | |

试运行情况记录及运行结论:

从2010年5月7日8时0分开始,至2010年5月8日8时0分结束,先第一个回路试运行,再第二个回路试运行,接着第三个回路试运行。运行期间内没有短路、跳闸的现象,一切设备运转均正常。

| 监理(建设)单位 | 施工单位 | | |
|---|---|---|---|
| | 项目技术负责人 | 质检员 | 测量人 |
| ××× | ××× | ××× | ××× |

注:本表由施工单位填写,城建档案馆、建设单位、施工单位保存,向城建档案馆报送、组卷。

# 第 10 章　市政工程施工验收资料

## 10.1　基础/主体结构工程验收记录

### 【基　础】

#### ◆基础/主体结构工程验收记录说明及样式

基础/主体结构工程验收由监理(建设)单位组织施工、管理和设计单位进行,同时通知质量监督机构。基础/主体结构工程可整体进行验收,也可分阶段验收。由施工单位填写《基础/主体结构工程验收记录》(表 10.1),经各参加验收单位签字盖章后存档,并报建设工程质量监督机构。

**表 10.1　基础/主体结构工程验收记录**

编　　号:________

<table>
<tr><td>工程名称</td><td colspan="7"></td></tr>
<tr><td>施工单位</td><td colspan="7"></td></tr>
<tr><td>结构名称</td><td colspan="2"></td><td colspan="3">结构类型</td><td colspan="2"></td></tr>
<tr><td>构筑物断面尺寸</td><td colspan="2"></td><td colspan="3">验收日期</td><td colspan="2"></td></tr>
<tr><td>管沟长度/层数</td><td colspan="2"></td><td colspan="3">建筑面积/m²</td><td colspan="2"></td></tr>
<tr><td>施工日期</td><td colspan="7">年　月　日至　年　月　日</td></tr>
<tr><td>检查内容</td><td colspan="7"></td></tr>
<tr><td rowspan="2">验收意见</td><td colspan="3">工程实体质量</td><td colspan="4">技术资料</td></tr>
<tr><td colspan="3"></td><td colspan="4"></td></tr>
<tr><td rowspan="2">监理(建设)单位(签、章)</td><td rowspan="2">设计单位(签、章)</td><td colspan="6">施工单位(签、章)</td></tr>
<tr><td colspan="3">项目经理</td><td colspan="2">技术部门</td><td>质量部门</td></tr>
<tr><td></td><td></td><td colspan="3"></td><td colspan="2"></td><td></td></tr>
</table>

注:本表由施工单位填写,城建档案馆、建设单位、监理单位、施工单位保存,向城建档案馆报送、组卷。

# 【实　务】

## ◆基础/主体结构工程验收记录填写范例

基础/主体结构工程验收记录填写范例,见表10.2。

表10.2　基础/主体结构工程验收记录

编　　号:×××

| 工程名称 | ××市××排水工程 | | | | |
|---|---|---|---|---|---|
| 施工单位 | ××市政工程公司 | | | | |
| 结构名称 | — | | 结构类型 | — | |
| 构筑物断面尺寸 | — | | 验收日期 | — | |
| 管沟长度/层数 | 2 500 | | 建筑面积/$m^2$ | — | |
| 施工日期 | 2010年8月7日至2010年8月8日 | | | | |
| 检查内容 | 排水工程管道基础:基础结构、几何尺寸、位置、标高、厚度 | | | | |
| 验收意见 | 工程实体质量 | | 技术资料 | | |
| | 排水工程管道基础质量符合设计及验收规范要 | | 试验报告、工序检验、质量评定等资料齐全、准确 | | |
| 监理(建设)单位(签、章) | 设计单位(签、章) | 施工单位(签、章) | | | |
| | | 项目经理 | 技术部门 | 质量部门 | |
| ××× | ××× | ××× | ××× | ××× | |

注:本表由施工单位填写,城建档案馆、建设单位、监理单位、施工单位保存,向城建档案馆报送、组卷。

# 10.2　部位验收通用记录

## 【基　础】

### ◆部位验收通用记录说明及样式

在部位工程或配套专业系统工程完成后，监理（建设）单位组织设计单位、施工单位等进行工程的验收，并通知质量监督机构。由施工单位填写《部位验收记录（通用）》（表10.3），须有各参加验收单位签字盖章。设备安装验收也采用表 10.3。

**表 10.3　部位验收记录（通用）**

编　　号：

| 工程名称 | | | |
|---|---|---|---|
| 施工单位 | | | |
| 安装单位 | | | |
| 开工日期 | | 完工日期 | |
| 验收内容、范围及数量： | | | |
| 验收结论：<br>□合格　　□不合格<br>验收日期　　年　　月　　日 | | | |
| 遗留问题及解决方案： | | | |

| 监理（建设）单位<br>（签章） | 施工单位<br>（签章） | 安装单位<br>（签章） |
|---|---|---|
| | | |

注：本表由施工单位填写，城建档案馆、建设单位、监理单位、施工单位保存，向城建档案馆报送、组卷。

## 【实 务】

### ◆部位验收通用记录填写范例

部位验收通用记录填写范例,见表10.4。

**表10.4 部位验收记录(通用)**

编 号:×××

| 工程名称 | ××市政工程 | | |
|---|---|---|---|
| 施工单位 | ××市政工程公司 | | |
| 安装单位 | | | |
| 开工日期 | 2010-08-06 | 完工日期 | 2010-09-06 |
| 验收内容、范围及数量:<br>内容:沥青混凝土面层<br>范围:桩号0+215.5~0+325.5<br>数量:6 500 $m^2$ | | | |
| 验收结论:<br>☑合格 □不合格<br>验收日期2010年9月10日 | | | |
| 遗留问题及解决方案: | | | |

| 监理(建设)单位<br>(签章) | 施工单位<br>(签章) | 安装单位<br>(签章) |
|---|---|---|
| ××× | ××× | ××× |

注:本表由施工单位填写,城建档案馆、建设单位、监理单位、施工单位保存,向城建档案馆报送、组卷。

## 10.3 工程竣工验收鉴定书

## 【基 础】

### ◆工程竣工验收鉴定书

单位工程各工序、部位、设备安装完成后,由建设单位组织监理单位、勘察单位、设计单位、施工单位对单位工程进行总体验收并做出鉴定,工程竣工验收应书面通知质量监督机构派人参加。建设单位填写《工程竣工验收鉴定书》(表10.5),参加验收的人员及项目负责人必须签字并加盖单位公章。

**表 10.5　工程竣工验收鉴定书**

编　号:________

| 工程名称 | | | |
|---|---|---|---|
| 开工日期 | | 完工日期 | |
| 设计概算 | | 施工决算 | |

验收范围及数量(附页共　　页):

验收意见:

本工程竣工质量评为　　级

验收组长(签字):

建设单位(签字、公章):　　监理单位(签字、公章):

设计单位(签字、公章):　　施工单位(签字、公章):

(签字、公章):　　(签字、公章):

竣工验收日期　年　月　日

其他说明:

# 【实　务】

## ◆工程竣工验收鉴定书填写范例

工程竣工验收鉴定书填写范例,见表10.6。

表10.6　工程竣工验收鉴定书

编　号:________

| 工程名称 | ××市政工程 | | |
|---|---|---|---|
| 开工日期 | 2010－10－15 | 完工日期 | 2010－12－15 |
| 设计概算 | 220万 | 施工决算 | 225万 |

验收范围及数量(附页共　　页):

中水工程DN100 - PVC管49.63 m

DN150 - PVC管52.38 m

DN200 - PVC管369.02 m

中水阀门井　8座

验收意见:

符合设计验收规范

本工程竣工质量评为 Ⅰ级

验收组长(签字):×××

建设单位(签字、公章):×××　监理单位(签字、公章):×××

设计单位(签字、公章):×××　施工单位(签字、公章):×××

(签字、公章):×××　(签字、公章):×××

竣工验收日期2010年12月20日

其他说明:

# 10.4　单位工程质量控制资料核查表

## 【基　础】

### ◆单位工程质量控制资料核查表说明及样式

单位工程各工序、部位、设备安装完成后，由施工单位对资料进行核查并填写《单位工程质量控制资料核查表》（表 10.7）。在单位工程完工后，由监理（建设）单位对单位工程的质量控制资料和安全及使用功能试验资料进行核查。施工单位应据实填报本表，并提供本表所列核查项目的各种资料，经监理（建设）单位核查签认合格后，方可进行单位工程竣工验收。

**表 10.7　单位工程质量控制资料核查表**

编　　号：______

| 工程名称 | | | | | |
|---|---|---|---|---|---|
| 施工单位 | | | | | |
| 序号 | 项目 | 资料名称 | 份数 | 核查意见 | 核查人 |
| 1 | 质量控制资料 | 图纸会审、设计变更、洽商记录 | | | |
| 2 | | 工程定位测量 | | | |
| 3 | | 原材出厂合格证（质量证明书）、临检报告、商检文件、进场检验（试验）报告等 | | | |
| 4 | | 施工试验、复验、检测报告 | | | |
| 5 | | 隐蔽工程验收记录 | | | |
| 6 | | 其他主要施工记录 | | | |
| 7 | | 工序（分项）、部位（分部）质量验收记录 | | | |
| 8 | | 工程质量事故及事故调查处理资料 | | | |
| 9 | | 安全附件检查记录 | | | |
| 10 | | 新材料、新工艺施工记录 | | | |
| 11 | 安全及使用功能试验资料 | 道路工程弯沉试验报告等 | | | |
| 12 | | 桥梁工程动、静荷载试验报告（设计有要求时）等 | | | |
| 13 | | 防水工程试水检查记录 | | | |
| 14 | | 水池满水试验记录 | | | |
| 15 | | 强度及严密性试验验收单等 | | | |
| 16 | | 绝缘电阻测试记录 | | | |
| 17 | | 阴极保护系统测试记录 | | | |
| 18 | | 机、电、智能系统联动试运行记录 | | | |
| 19 | | | | | |
| 20 | | | | | |

核查结论：

☐合格　　　　☐不合格

| 施工单位（公章）<br>项目经理（签字）<br>年　月　日 | 总监理工程师<br>（建设单位项目负责人）<br>年　月　日 |
|---|---|

注：本表由施工单位填写，核查结论由监理（建设）单位填写，城建档案馆、建设单位、监理单位、施工单位保存，向城建档案馆报送、组卷。

# 【实 务】

## ◆单位工程质量控制资料核查表填写范例

单位工程质量控制资料核查表填写范例，见表 10.8。

**表 10.8 单位工程质量控制资料核查表**

编 号：×××

| 工程名称 | | ××市政工程 | | | |
|---|---|---|---|---|---|
| 施工单位 | | ××市政工程公司 | | | |
| 序号 | 项目 | 资料名称 | 份数 | 核查意见 | 核查人 |
| 1 | 质量控制资料 | 图纸会审、设计变更、洽商记录 | 12 | 记录齐全 | ××× |
| 2 | | 工程定位测量 | 25 | 记录齐全 | |
| 3 | | 原材出厂合格证（质量证明书）、临检报告、商检文件、进场检验（试验）报告等 | 150 | 符合要求 | |
| 4 | | 施工试验、复验、检测报告 | 130 | 符合要求 | |
| 5 | | 隐蔽工程验收记录 | 70 | 记录齐全 | |
| 6 | | 其他主要施工记录 | | | |
| 7 | | 工序（分项）、部位（分部）质量验收记录 | 22 | 符合要求 | |
| 8 | | 工程质量事故及事故调查处理资料 | | | |
| 9 | | 安全附件检查记录 | | | |
| 10 | | 新材料、新工艺施工记录 | | | |
| 11 | 安全及使用功能试验资料 | 道路工程弯沉试验报告等 | 10 | 符合要求 | ××× |
| 12 | | 桥梁工程动、静荷载试验报告（设计有要求时）等 | | | |
| 13 | | 防水工程试水检查记录 | 5 | 符合要求 | |
| 14 | | 水池满水试验记录 | | | |
| 15 | | 强度及严密性试验验收单等 | | | |
| 16 | | 绝缘电阻测试记录 | | | |
| 17 | | 阴极保护系统测试记录 | | | |
| 18 | | 机、电、智能系统联动试运行记录 | | | |
| 19 | | | | | |
| 20 | | | | | |
| 核查结论：<br>☑合格 □不合格 | | | | | |
| 施工单位（公章）<br>项目经理（签字）张××<br>2010 年 9 月 22 日 | | | 总监理工程师<br>（建设单位项目负责人）赵××<br>2010 年 9 月 22 日 | | |

注：本表由施工单位填写，核查结论由监理（建设）单位填写，城建档案馆、建设单位、监理单位、施工单位保存，向城建档案馆报送、组卷。

# 第 11 章　市政工程资料归档管理

## 11.1　竣工图

### 【基　础】

**◆竣工图的内容**

竣工图，应包括施工图相对应的全部图纸及根据工程竣工情况需要补充的图纸。各专业竣工图按专业和系统分别进行整理，主要包括道路工程竣工图，桥梁工程竣工图，隧道、城市轨道交通、管道工程竣工图，厂(场)站工程竣工图等。

**◆竣工图编制的依据**

编制工程竣工图须以一定的技术图纸和技术文件材料作为依据，这些技术图纸和技术文件材料主要包括以下内容。

(1)设计施工图。

(2)图纸会审记录。

(3)设计变更通知单。

(4)技术要求核定单。

(5)隐蔽工程验收记录。

(6)质量事故报告及处理记录。

(7)建(构)筑物的定位测量资料。

**◆竣工图编制的基本要求**

(1)凡工程现状与施工图不相符的内容，均须按工程现状清楚、准确地在图纸上予以修正。如在工程图纸会审、设计交底时修改的内容、工程洽商或设计变更修改的内容，施工过程中建设单位和施工单位双方协商修改(无工程洽商)的内容等均须如实地绘制在竣工图上。

(2)专业竣工图应包括各部位、各专业深化(二次)设计的相关内容，不得漏项或重复。

(3)凡结构形式改变、工艺改变、平面布置改变、项目改变以及其他重大改变，或者在一张图纸上改动部位超过三分之一以及修改后图面混乱、分辨不清的图纸均应重新绘制。

(4)管线竣工测量资料的测点编号、数据及反映的工程内容要编绘在竣工图上。

(5)编绘竣工图,必须采用不褪色的黑色绘图墨水。

### ◆竣工图的类型

竣工图的类型包括以下内容。

(1)重新绘制的竣工图。

(2)在二底图(底图)上修改的竣工图。

(3)利用施工图改绘的竣工图。

## 【实　务】

### ◆重新绘制的竣工图的编制

工程竣工后,按工程实际重新绘制竣工图,虽然工作量大,但能保证质量。

(1)重新绘制时,要求原图内容完整无误,修改内容必须准确、真实地反映在竣工图上。绘制竣工图要按照制图的规定和要求进行,必须参照原施工图及该专业的统一图示,并在底图的右下角绘制竣工图图签。

(2)各种专业工程的总平面位置图,比例尺常采用1∶500～1∶10 000。管线平面图,比例尺常采用1∶500～1∶2 000。若以地形图为依托,则需注明地形地物、标准坐标数据。

(3)改、扩建及废弃管线工程在平面图上的表示方法如下。

1)利用原建管线位置进行改造、扩建管线工程,应表示原建管线的走向、管材和管径,表示方法常采用加注符号或文字说明。

2)随新建管线而废弃的管线,无论是否移出了埋设现场,均应在平面图上加以说明,并应注明废弃管线的起、止点坐标。

3)新、旧管线勾头连接时,应标明连接点的位置(桩号)、高程以及坐标。

(4)管线竣工测量资料及其在竣工图上的编绘。竣工测量的测点编号、数据及反映的工程内容(指设备点、折点、变径点、变坡点等)应与竣工图一致,并绘制检查井、小室、人孔、管件、进出口、预留管(口)位置、与沿线其他管线、设施相交叉点等。

(5)重新绘制竣工图可以整套图纸重绘或部分图纸重绘,也可是某几张或一张图纸重新绘制。

### ◆在二底图(底图)上修改的竣工图的编制

在用施工蓝图或设计底图复制的二底图或原底图上,把工程洽商和设计变更的修改内容进行修改,修改后的二底(硫酸纸)图晒制的蓝图作为竣工图是一种较常用的竣工图绘制方法。

(1)在二底图上修改,要求在图纸上做修改备考表,备考表的内容有洽商变更编号、修改内容、责任人和日期。

(2)修改的内容应与工程洽商和设计变更的内容保持一致,简要的注明修改部位和基本内容,实施修改的责任人应签字并注明修改日期。

(3)二底图(底图)上的修改应采用刮改,凡修改后无用的文字、数字、符号、线段均应刮掉,而增加的内容则需全部、准确的绘制在竣工图上。

(4)修改后的二底图(底图)晒制的蓝图作为竣工图时,应在蓝图上加盖竣工图章。

(5)若在二底图(底图)上修改的次数比较多,个别图面如出现模糊不清等质量问题,则需进行技术处理或重新绘制,使其达到图面整洁、字迹清楚等要求。

## ◆利用施工图改绘的竣工图的编制

利用施工图改绘的竣工图的编制时,具体的改绘方法可以根据图面、改动范围和位置、繁简程序等实际情况自行确定。常用的改绘方法有杠改法、叉改法、补绘法、补图法和加写说明法。

(1)杠改法。杠改法是指在施工蓝图上将取消或修改前的数字、文字、符号等内容用一横杠杠掉(不是涂改掉),再在适当的位置补上修改的内容,并用带箭头的引出线标注修改依据,即“见××年××月××日洽商×条”或“见×号洽商×条”。杠改法主要用于数字、文字、符号的改变或取消。

(2)叉改法。叉改法是指在施工蓝图上将去掉和修改前的内容,打叉表示取消,再在实际位置补绘修改后的内容,并用带箭头的引出线编注修改依据。叉改法主要用于线段图形、图表的改变与取消。

(3)补绘法。补绘法是指在施工蓝图上将增加的内容按实际位置绘出,或某一修改后的内容在图纸的绘大样图上修改,并用带箭头的引出线在应修改的部位和绘制的大样图处标注修改依据。补绘法适用于设计增加的内容、设计时遗漏的内容,或是在原修改部位修改有困难,需另绘大样修改的情况。

(4)补图法。当某一修改内容在原图上没有空白地方可供修改时,可以采用将改绘的部位绘制成补图,补在本专业图纸之后。具体做法是:在需要修改的部位注明修改范围和修改依据,在修改的补图上绘制图签,标明图名、图号、工程号等内容,在说明中注明是×图×部位的补图,并写清楚修改依据。补图法主要用于难以在原修改部位修改和本图又无空白处时某一剖面图大样图或改动范围比较大的修改。

(5)加写说明法。凡工程洽商、设计变更的内容应在竣工图上修改的,均应用做图的方法改绘在蓝图上,一律不再加写说明。若修改后的图纸仍有内容没有表示清楚,可以用精练的语言适当加以说明。加写说明法适用于说明类型的修改、修改依据的标注等。

# 11.2 工程资料编制与组卷

## 【基　础】

### ◆工程资料的载体形式

(1)工程资料可采用以下两种载体形式:纸质载体;光盘载体。

(2)工程档案可采用以下三种载体形式:纸质载体;缩微品载体;光盘载体。

(3)纸质载体和光盘载体的工程资料应在建设过程中形成,并进行收集和整理,包括工程音像资料。

(4)缩微品载体的工程档案。

1)纸质载体的工程档案,经城建档案馆和有关部门验收合格后,持城建档案签署的"准许缩微证明书"进行缩微,准许缩微证明书以及案卷目录、验收签章、城建档案馆的档号、胶片代数、质量要求等,同时缩拍在胶片"片头"上。

2)报送"缩微制品载体"工程竣工档案的种类和数量,一般要求报送三代片,即:

①第一代(母片)卷片一套,作长期保存使用。

②第二代(拷贝片)卷片一套作复制工作使用。

③第三代(拷贝片)卷片或者开窗卡片、封套片、平片,作日常阅读或复原使用。

3)向城建档案馆移交的缩微卷片、开窗卡片、封套片、平片须按城建档案馆的要求进行标注。

(5)光盘载体的电子工程档案。

1)纸质载体的工程档案经城建档案馆和有关部门验收合格之后,应进行电子工程档案的核查,核查无误后,再进行电子工程档案的光盘刻制。

2)电子工程档案的封套、格式须按城建档案馆的要求统一进行标注。

## 【实　务】

### ◆工程资料的组卷要求

**1. 组卷的质量要求**

(1)组卷前应保证基建文件、监理资料和施工资料齐全、完整,并符合规程要求。

(2)编绘的竣工图应反差明显、图面整洁、线条清晰、字迹清楚,能满足微缩和计算机扫描的要求。

(3)文字材料和图纸不满足质量要求的一律返工。

**2. 组卷的基本原则**

(1)建设项目应按单位工程组卷。

(2)工程资料应按照不同的收集、整理单位及资料类别，按基建文件、监理资料、施工资料和竣工图分别进行组卷。

(3)卷内资料排列顺序应依据卷内资料构成而定，一般顺序为封面、目录、资料部分、备考表和封底，组成的卷案应美观、整齐。

(4)卷内若存在多类工程资料时，同类资料按自然形成的顺序和时间排序。

(5)案卷不宜过厚，一般不超过 40 mm，案卷内不应有重复资料。

**3. 组卷的具体要求**

(1)基建文件组卷基建文件可根据类别和数量的多少组成一卷或多卷，如工程决策立项文件卷，征地拆迁文件卷，勘察、测绘与设计文件卷，工程开工文件卷，商务文件卷，工程竣工验收与备案文件卷。同一类基建文件还可根据数量多少组成一卷或多卷。

(2)监理资料组卷监理资料可根据资料类别和数量多少组成一卷或多卷。

(3)施工资料组卷施工资料组卷应按照专业、系统划分，每一专业、系统再按照资料类别从 C1 至 C7 顺序排列，并根据资料数量多少组成一卷或多卷。

对于专业化程度高，施工工艺复杂，通常由专业分包施工的子分部(分项)工程应分别单独组卷，如有支护土方、地基(复合)、桩基、预应力、钢结构、木结构、网架(索膜)、幕墙、供热锅炉、变配电室和智能建筑工程的各系统，应单独组卷子分部(分项)工程并按照顺序排列，并根据资料数量的多少组成一卷或多卷。

(4)竣工图组卷应竣工图应按专业进行组卷。可分为工艺平面布置竣工图卷、建筑竣工图卷、结构竣工图卷、给排水及采暖竣工图卷、建筑电气竣工图卷、智能建筑竣工图卷、通风空调竣工图卷、电梯竣工图卷、室外工程竣工图卷等，每一专业可根据图纸数量多少组成一卷或多卷。

(5)向城建档案馆报送的工程档案应按《建筑工程文件归档整理规范》(GB/T 50328—2001)的要求进行组卷。

(6)文字材料和图纸材料原则上不能混装在一个装具内，如资料材料较少，需放在一个装具内时，文字材料和图纸材料必须混合装订，其中文字材料排前，图样材料排后。

(7)单位工程档案总案卷数超过 20 卷的，应编制总目录卷。

**4. 建设工程文件归档整理规范**

(1)编写页号应以独立卷为单位。在案卷内资料材料排列顺序确定后，均以有书写内容的页面编写页号。

(2)每卷从阿拉伯数字 1 开始，用打号机或钢笔依次逐张连续标注页号，采用黑色、蓝色油墨或墨水，案卷封面、卷内目录和卷内备案表不编写页号。

(3)页号编写位置，单面书写的文字材料页号编写在右下角，双面书写的文字材料页号正面编写在右下角，背面编写在左下角。

(4)图纸折叠后无论何种形式，页号一律编写在右下角。

## ◆封面及目录的编制

**1. 工程资料总目录卷**

(1)工程资料总目录汇总表。

工程资料组卷完成后,对案卷进行汇总记录,由建设单位统一组织检查、验收与交接。

案卷封面包括名称、案卷类别、案卷名称、册数、汇总日期、城建档案管理员签字。

保管期限、密级、共____册第____册等(由档案接收部门填写)。

1)名称:填写工程建设项目竣工后使用名称(或曾用名),若本工程分为几个(子)单位工程应在第二行填写(子)单位工程名称。

2)案卷名称:填写本卷卷名,基建文件、管理资料、施工资料、设计资料。

3)册数:案卷的数量。

4)技术主管:编制单位技术负责人签名或盖章。

5)汇总日期:填写卷内资料汇总的时间。

6)城建档案管理员签字:各单位城建档案管理员签字。

(2)工程资料总目录。工程资料总目录,内容包括序号、案卷号、案卷题名、起止页数、保存单位、保存期限、整理日期。各单位城建档案管理员分别对各个单位工程资料的组卷负责并签字。

1)序号:案卷内资料排列先后用阿拉伯数字从1开始依次标注。

2)工程资料题名:填写文字材料和图纸名称,无标题的资料应根据内容拟写标题。

3)保存单位:资料的形成单位或主要负责单位名称。

4)整理日期:资料的形成时间。(文字材料为原资料形成日期,竣工图为编制日期)

5)起止页次:填写每份资料在本案卷的页次或起止的页次。

6)保存期限:永久、长期、短期。

**2. 工程资料封面和目录**

(1)工程档案案卷封面。使用城市建设档案封面,注明工程名称、案卷题名、编制单位、技术主管、保存期限、档案密级等。

(2)工程档案卷内目录。使用城建档案卷内目录,内容包括顺序号、文件材料题名,原编字号、编制单位、编制日期、页次、备注等。

1)填写的目录应与案卷内容相符,排列在卷内文件首页之前,原文件目录及文件图纸目录不能代替。

2)编制单位:案卷编制单位。

3)序号:按卷内文件排列先后用阿拉伯数字从1开始依次标注。

4)资料名称:即表格和图纸名称,无标题或无相应表格的文件应根据内容拟写标题。

5)资料编号:表格编号或图纸编号。

6)资料内容:资料的摘要内容。

7)编制日期:资料的形成日期(文字材料为原文件形成日期,汇总表为汇总日期,竣工图为编制日期)。

8)页次:填写每份文件材料在本案卷页次或终止页次。

9)备注:填写需要说明的问题。

(3)工程档案卷内备案。内容包括卷内文字材料张数、图样材料张数、照片张数等,立卷单位的立卷人、审核人及接收单位的审核人、接收人应签字。

1)案卷审核备考表分为上下两栏,上一栏由立卷单位填写,下一栏由接受单位填写。

2)上栏应表明本案卷一编号资料的总张数:指文字、图纸、照片等的张数。

审核说明填写立卷时资料的完整和质量情况,以及应归档而缺少的资料的名称和原因:立卷人有责任立卷人签名;审核人有案卷审查人签名;年月日按立卷、审核时间分别填写。

3)下栏由接收单位根据案卷的完成及质量情况标明审核意见。

技术审核人由接收单位工程档案技术审核人签名;档案接收人由接收单位档案管理接收人签名;年月日按审核、接收时间分别填写。

**3. 案卷脊背编制**

案卷脊背项目有档号、案卷题名,由档案保管单位填写。城建档案的案卷脊背由城建档案馆填写。

**4. 移交书**

(1)工程资料移交书。工程资料移交书是工程资料进行移交的凭证,应有移交日期和移交单位、接收单位的盖章。

(2)工程档案移交书。使用城市建设档案移交书,为竣工档案进行移交的凭证,应有移交日期和移交单位、接收单位的盖章。

(3)工程档案微缩品移交书。使用城市建设档案馆微缩品移交书,为微缩品竣工档案进行移交的凭证,应有移交日期和移交单位、接收单位的盖章。

## ◆案卷的规格与装订

**1. 案卷规格**

卷内资料、封面、目录、备考表统一采用 A4 幅(297 mm×210 mm)尺寸,图纸分别采用 A0(841 mm×1 189 mm)、A1(594 mm×841 mm)、A2(420 mm×594 mm)、A3(297 mm×420 mm)、A4(297 mm×210 mm)幅面,小于 A4 幅面的资料要用 A4 白纸(297 mm×210 mm)衬托。

**2. 案卷装具**

案卷采用统一规格尺寸的装具。属于工程档案的文字、图纸材料一律采用城建档案馆监制的硬壳卷夹或卷盒,外表尺寸为 310 mm(高)×220 mm(宽),卷盒厚度尺寸分别为 50 mm、30 mm 两种,卷夹厚度尺寸为 25 mm;少量特殊的档案也可采用外表尺寸为 310 mm(高)×430 mm(宽),厚度尺寸为 50 mm。案卷软(内)卷皮尺寸为 297 mm(高)×210 mm(宽)。

**3. 案卷装订**

(1)文字材料必须装订成册,图纸材料可装订成册,也可散装存放。

(2)装订时要剔除金属物,装订线一侧根据案卷薄厚加垫草板纸。

(3)案卷用棉线在左侧三孔装订,棉线装订结打在背面,装订线距左侧 20 mm,上下两孔分别距中孔 80 mm。

(4)装订时,需将封面、目录、备考表、封底与案卷一起装订,图纸散装在卷盒内时,需将案卷封面、目录、备考表三件用棉线在左上角装订在一起。

# 11.3 工程档案资料的验收与移交

## 【基 础】

### ◆工程档案资料的验收

(1)工程档案的验收是工程竣工验收的重要内容之一。建设单位应按照国家和本市城建档案管理的有关要求,对勘察、设计、施工、监理汇总的工程档案资料进行认真审查,确保其完整、准确。属于城建档案馆(室)接收范围的工程档案,还应由城建档案管理部门对工程档案资料进行预验收,并出具工程档案预验收认可文件。

(2)国家、市重点工程项目或一些特大型、大型的工程项目的竣工预验收和验收会,应有城建档案馆参加。

(3)各工程档案资料的形成和编制单位,要严格按照本规程所规定的技术标准,认真编制好工程档案,凡验收中发现有不符合技术要求、缺项、缺页等,一律退回形成或编制单位进行整改,直至合格。

(4)建设单位应将竣工验收过程及验收备案时形成的文件资料一并规入工程档案,城建档案馆(室)负责对列入接收范围的工程档案进行最后验收,检查验收人员应对接收的档案负责,并在每卷的案卷备考表中签字。

### ◆工程档案资料的移交

(1)施工单位、监理单位等有关单位应在工程竣工验收前将工程资料按合同或协议规定的时间、套数移交给建设单位,办理移交手续,填写《工程资料移交书》。

(2)工程竣工验收3个月内,建设单位将汇总后的纸质品或缩微品和光盘载体的工程档案移交城建档案馆并办理纸质品移交手续或缩微品移交手续。

1)使用城市建设档案移交书为工程档案移交的凭证,应有移交日期和移交单位、接收单位的签章。同时,使用城市建设档案移交目录应有移交日期和移交单位、接收单位签章。

2)使用城市建设档案缩微品移交书为缩微品竣工档案进行移交的凭证,应有移交日期和移交单位、接收单位的签章,使用城建档案缩微品移交目录应有移交日期和移交单位、接收单位签章。

推迟报送日期,必须在规定报送时间内向城建档案馆申请延期报送,并申明延期报送原因,经同意后办理延期报送手续。

# 【实　务】

## ◆工程资料移交书填写范例

### 1. 工程资料移交书填写范例

工程资料移交书填写范例见表 11.1。

**表 11.1　工程资料移交书**

<table>
<tr><td>

**工程资料移交书**

___××建筑工程公司(全称)___按有关规定向___××房地产开发公司(全称)___办理___××小区工程资料移交手续。共计___3 套 52___册，其中图样材料___22___册，文字材料___30___册，其他材料___／___张(　　)。

附：工程资料移交目录

移交单位(公章)：　　　　接收单位(公章)：

单位负责人：　×××　　　　单位负责人：　×××

技术负责人：　×××　　　　技术负责人：　×××

移　交　人：　×××　　　　接　收　人：　×××

移交日期：2010 年 7 月 5 日

</td></tr>
</table>

**2. 城市建设档案移交书填写范例**

城市建设档案移交书填写范例见表11.2。

**表11.2 城市建设档案移交书**

# 城市建设档案移交书

××建筑工程公司(全称) 向××市城市建设档案馆移交××小区档案共计18册。其中:图样材料 5 册,文字材料 13 册,其他材料 / 张( )。

附:城市建设档案移交目录一式三份,共3张

| | |
|---|---|
| 单位负责人:××× | 单位负责人:××× |
| 技术负责人:××× | 技术负责人:××× |
| 移 交 人:××× | 接收人:××× |

移交日期:2010年7月5日

**3. 城市建设档案缩微品移交书填写范例**

城市建设档案缩微品移交书填写范例见表 11.3。

**表 11.3　城市建设档案缩微品移交书**

# 城市建设档案缩微品移交书

＿××房地产开发公司(全称)＿向××市城市建设档案馆移交××小区 工程缩微品档案。档号＿×××＿,缩微号＿××＿,卷片共＿××＿盘,开窗卡＿××＿张。其中母片:卷片共＿××＿盘,开窗卡＿××＿张;拷贝片:卷片共＿××＿套＿××＿盘,开窗卡＿××＿套＿××＿张。缩微原件共＿25＿册,其中图样材料＿18＿册,文字材料 7 册,其他材料＿／＿册。

附:城市建设档案缩微品移交目录

移交单位(公章):　　　　接收单位(公章):

单位法人: ×××　　　　单位法人: ×××

移 交 人: ×××　　　　接 收 人: ×××

移交日期:2010 年 7 月 15 日

**4. 城市建设档案移交目录填写范例**

城市建设档案移交目录范例见表 11.4。

**表 11.4　城市建设档案移交目录**

| 序号 | 工程项目名称 | 案卷题名 | 形成年份 | 数量 | | | | | | 备注 |
|---|---|---|---|---|---|---|---|---|---|---|
| | | | | 文字材料 | | 图样资料 | | 综合卷 | | |
| | | | | 册 | 张 | 册 | 张 | 册 | 张 | |
| 1 | ××市××路道路工程 | 基建文件 | ××年×月 | 2 | 213 | | | | | |
| 2 | ××市××路道路工程 | 管理文件 | ××年×月 | 1 | 89 | | | | | |
| 3 | ××市××路道路工程 | 施工管理验收文件 | ××年×月 | 1 | 35 | | | | | |
| 4 | ××市××路道路工程 | 施工资料 | ××年×月 | 4 | 369 | | | | | |
| 5 | ××市××路道路工程 | 道路工程竣工图 | ××年×月 | | | 3 | 58 | | | |
| | | | | | | | | | | |
| | | | | | | | | | | |
| | | | | | | | | | | |
| | | | | | | | | | | |
| | | | | | | | | | | |
| | | | | | | | | | | |
| | | | | | | | | | | |
| | | | | | | | | | | |

**5. 城建档案缩微品移交目录填写范例**

城建档案缩微品移交目录填写范例，见表 11.5。

**表 11.5　城建档案缩微品移交目录**

缩 微 号：________　　　　工程号：________

工程名称：________________________________

| 序号 | 案卷题名 | 档号 | 页数 | 画幅号 |
|---|---|---|---|---|
| 1 | 基建文件 | | 50 | |
| 2 | 监理文件 | | 100 | |
| 3 | 施工资料 | | 1 200 | |
| | | | | |
| | | | | |
| | | | | |
| | | | | |
| | | | | |
| | | | | |
| | | | | |
| | | | | |

# 参考文献


[1] (GB 50202—2002)国家标准.《建筑地基基础工程施工质量验收规范》[S].北京:中国计划出版社,2002.

[2] (JGJ 52—2006)国家标准.《普通混凝土用砂、石质量及检验方法标准(附条文说明)》[S].北京:中国建筑工业出版社,2006.

[3] (GB 50204—2002)国家标准.《混凝土结构工程施工质量验收规范》[S].北京:中国建筑工业出版社,2002.

[4] (GB 50205—2001)国家标准.《钢结构工程施工质量验收规范》[S].北京:中国计划出版社,2002.

[5] (GB 50319—2000)国家标准.《建设工程监理规范》[S].北京:中国建筑工业出版社,2000.

[6] (GB 50242—2002)国家标准.《建筑给水排水及采暖工程施工质量验收规范》[S].北京:中国建筑工业出版社,2002.

[7] (GB 1499.2—2007)国家标准.《钢筋混凝土用热轧带肋钢筋》国家标准第1号修改单[S].北京:中国标准出版社,2009.